人事屋が本音で語る

管理職に伝えたい、47の言葉

人事コンサルタント
鈴木 秀明

LUFT
メディアコミュニケーション

はじめに

「はたらく」とは、「はた（他人）をらくにすること」とか、「過去は変えられないが、未来は変えられる」とか、「悪い会社はないが悪い経営者はいる」などなど、管理者が知っておくべき格言はいっぱいありますが、この本では、筆者自身が体験したことだけに絞って、本音を書いていきます。

また、多くの管理職向けの本は、管理者の重要な仕事として、部下育成について書かれています。

しかし、管理職にも上司はいます。ところが、管理職が上司に対してなすべきことを書いている本は、あまり見受けられません。本書では、このことにもいくつか触れています。

ですので、全部を順に読む必要もありませんし、必要なければ、とばしていただいて結構です。いくつかでもうなずいていただける箇所があれば幸いです。

『人事屋が本音で語る 管理職に伝えたい47の言葉』目次

第1章　管理者の心得

第2章　仕事の進め方

第3章　上司との付き合い方

第4章　部下との付き合い方

第1章　管理者の心得

1　管理職なりの、仕事の優先順位がある

管理職ならば管理職なりに、自分の仕事の段取りに悩むこともあります。
いろいろやらなければならない仕事の優先順位で悩むことはありませんか。
そんな時は、２つの視点で考えてみてはどうでしょうか。

1　自分より遠い、または、自分より上の人の仕事からやる。
2　自分の思う通りにならない度合いの高い仕事からやる。

「自分より遠い、または、自分より上の人の仕事からやる」は、例えばこんなケースです。

年度末に近くなり、ある新製品の売れ行き状況とその周辺情報をまとめたいと担当役員が考え、部下である３人の部長に依頼しました。３人の部長はそれぞれの部下の課長10人に依頼し、あなたはそのうちの１人です。

ところが、今あなたは自分の課の年度末の状況をまとめなければならず、また、上司である部長が行っている、部の年度末状況のまとめをサポートしています。

担当役員の依頼も部長の依頼も、納期は決まっています。

こんな時は、どんなに忙しくても、自分から見てより遠くで上の人である担当役員の依頼業務をまず終わらせることを最優先します。しかも納期より早くです。

なぜかと言いますと、担当役員は、多くの部下に分担して依頼しているので、少しでも早くできたところから提出しないと、担当役員の仕事が進まない状況になってしまうからです。少しでも情報が集まれば、担当役員はその部分から少しずつ進めることができます。

さらに、早く提出するということは、部長や担当役員を楽にするばかりではなく、他の課長より自分が優秀であることをアピールできる絶好の機会なのです。

これは上司にゴマをするということではありません。上司にとって信頼できる部下となるということです。その上司が昇進すれば、次の担当を信頼する部下にやらせてみようと思うのは自然なことなのです。

次は、上司の部長から依頼された別の仕事を終わらせ、これもできるなら納期前に提出します。

担当役員の時と同様に、部長にも早く提出できれば、部長も自分がやるべき仕事に早く手が付けられます。

自分の仕事を最後に回したとしても、徹夜してでも、家に持ち帰ってでも対応できます。

また、2の「自分の思う通りにならない度合いの高い仕事からやる」ケースもご紹介します。

あなたは営業課長です。あなたの上司である部長から、A商品のテコ入れのための販促イベントを企画し実施してほしいと言われました。企画は自分や部下と一緒に考えられますが、実施段階では、他部門や、販促物作成、会場手配、当日運営などで外部の業者にも依頼しないとできません。

あなたは、企画案が通り、いざ実施の段階に入ってから、これら外部の業者への依頼をしていませんか。これでは遅いのです。

依頼する相手が受けられるかどうかわからない状態で企画が通っても、実施できなければ意味がありません。A企画なら、内部はC部署に応援を依頼でき、外部はDとEの会社が対応可能である、B企画なら、内部はF部署に応援を依頼でき、外部はGとHの会社が対応可能であることを確かめ、企画を実施可能な状態にして、上司に提案しないといけないのです。また、イベントで担当役員の挨拶などが必要なら、その日程も確保しなければなりません。

このように、自分では思い通りにならない外部から打診し、順次確定していく方法をとらないと、いざ企画が通って実施段階になった時に失敗します。

2　自分を律する

管理職になり、役員、社長を目指そうとする人は、仕事だけではなく、人間としても、自分を律しなければなりません。会社経費を使って仲間うちで酒を飲んだり、仕事をさぼったりしていると、自分が役員になった時、「あんな奴が役員になるとは」なんて周囲から言われてしまいます。

実は、これが案外難しいことなのです。上に行けばいくほど、自分の決済権限が大きくなり、使える交際費も大きくなります。

例えば、こんなことありませんか。

自分に電話がかかり、その気楽な話しぶりから友人からの電話だとデスクの回りにはわかってしまいます。「おー、久しぶりだなぁ。なに、7時に○○の店、いいよ」なんて、回りに聞こえてしまい、次の日、事務処理を担当する部下のところにその店の領収書が回ってきたら、その部下は、後でみんなに言うでしょう。「○○さんって、昨日友達と飲んだはずなのに、領収書を回してきたわよ。私たちよりいっぱい給与もらっているのに、ほんと、ケチで貧乏くさいわよね」と。

そして、こういう話はいっきに拡散します。いったん拡散すると、話に尾ひれ背びれがついて、本当に必要な交際費の経費申請も疑われるようになってしまいます。こうなると、客先に行くために直帰しても、本当に行ったのか、まっすぐ家に帰ったのではないかとまで、疑われてしまうのです。

こんな上司は、尊敬されるでしょうか。この上司ならついていこうと思われるでしょうか。最初のちょっとした気の緩みが、結果、自分の人間としての品位まで落としてしまい、まったく尊敬されない上司になってしまうのです。

信頼される上司や、尊敬される上司なら、いちいち細かく指示をしなくても、部下は自分で考えて行動してくれます。

権限で人は動きますが、権限で部下を動かしていると、部下は言われたことしかやりません。これでは、部下に仕事をさせるために、毎日毎日、こと細かく指示を出し続け、その都度、結果を確認しなくてはならなくなります。上司にとっても、とても面倒ですし、部下もこんな仕事ぶりでは成長しません。

自分に思い当たるところがないか、一度、考えてみることが大事です。

筆者は人事部にいた時代が長かったので、社員に関する多くの情報が入りました。

こんなことがありました。ある役員の話で、営業中なのに奥さんとデパートで買い物をしていたのを見たとか、私用で社有車を使い家族を送ったとかです。

本人は、誰にも知られていないと思っていますが、社員はみんな知っているということです。残念なことです。この役員は自分が若い頃に、まさか自分が役員になるとは思っていないので、自分を律することなく適当にしていたのでしょう。

本来は、組織などで出世するしないに関係なく、自分を律していくことが人間として大事な、生き方の問題なのです。

3　管理職は時間労働者ではない

管理職は時間管理のない知的従事者です。どのくらいの時間働いたのか、ではなく、どれだけの結果と、その結果を出すためにどのようなプロセスをたどったのかを問われるのです。

部下と一緒に遅くまで働いて充実感を得たり、仕事の後や休日に仕事のことをいっさい忘れてリフレッシュできた、などというのは、おかしいのです。頭の中は、休日なしで仕事のことを考えるのが、本筋なのです。

以前、上司から、「管理職になったら、自分の担当する仕事をどうすればもっとよくできるかを、1日中ずっと考えるもんだよ。管理職は時間労働者ではないんだよ」と言われました。当初は反発もしましたが、よく考えてみればその通りなのです。管理職という仕事は経営側の仕事なのです。

しかし、実際は、なかなか、考え方を変えるのが難しいようです。多くの時間を仕事に費やせば達成感もありますし、充実感もあるでしょう。おそらく、回りもそういう評価をするでしょう。そもそも、多くの時間を投入しないと、終わらない仕事ばかりと感じているかもしれません。

しかし、よく考えてみてください。多くの時間と労働力を投入しないとできない仕事が、本当に管理職の仕事なのでしょうか。

自部門の仕事の改革を考え実践していくのが、本来の仕事ではないでしょうか。例えば、今の仕事を常に見直し、効率や品質を向上させたり、新しい何かに取り組むなどです。

先のことを考えていないと、毎日の多くの仕事に埋没し、そこで満足してしまうことになります。日々、同じように働いていては、自分自身の成長もありませんし、部下も成長しません。

一般社員から管理職になったからには、仕事のやり方や成果の出し方も変わるのです。早く、このことに気づき、自分の働き方を見直してほしいものです。

さらに、自分の働き方を変えることができたら、次は部下の働き方も変え、担当部署の働き方も変えていくのが、管理職の仕事なのです。

働くという視点の切り替えができないと、管理職になったことを単に労働負荷が増えただけだと感じ、モチベーションも上がらず、会社からの期待に対する応え方も的を外してしまいます。

管理職は、これまでの一般社員のような、時間と労働力を会社に提供することで給与をもらう仕事ではないのです。

以前、筆者が、ある企業の管理職向けに目標設定研修をした時、その中の１人に、自部門の売上目標を聞いたところ、もちろん正確に答えられました。ところが、会社全体の売上目標を答えられなかったのです。管理職は経営側であるという自覚が不足していたのです。

売上ばかりではなく、売上総利益、経常利益、最終損益など、会社の数字にも、常に関心を持ってほしいと思います。

4　独善的で強引なのがだめとは限らない

自分の会社の社長を独善的であるとか強引だという人がいます。しかし、言葉をポジティブに置き換えると、独善的は自分の考えを信じている、強引は必ず実行する、というふうにとらえられませんか。こういうところがないと、会社や社員を引っ張ったりすることはできません。人の意見を聞くことは大事なことですが、その後は、自分で決め行動する人でないと、その重要な役割を果たせません。

管理職でも、ある程度は同じなのです。

課長くらいの中間管理職は、自分で決め実行するよりも、調整役に回ることの方が多いのではないでしょうか。特に、階層がピラミッドのようにしっかりしている大企業で、それを感じます。その場合は、自分の判断より、会社の決められたルールの中で決裁していくことの方が、重要視されているのではないでしょうか。

こうした企業では、独善的で強引なのは、組織の秩序やルールを乱す行為として、あまり認められないでしょう。

しかし、新しく、成長著しい企業では、日々新たな価値を創造していくことがとても重要なのです。そのためには、ルールや前例に縛られずに、実行していくことが求められます。

そのためには、多くのエネルギーが必要になり、その源泉が、独善的で強引にも見える行動とも言えるのです。この源泉がなければ、新しい挑戦が、何も実行に移されません。

今世の中にあるヒット商品の中には、開発当初、独善で強引だ、売れるはずがないと反対されたものがあります。しかし、開発者の独善的で強引とも思われる信念と実行力があったからこそ、その商品が世に出て、支持されたのです。

読者の方々は、どんな商品やサービスが頭に浮かびますか。

筆者の頭には、宅急便、セブン-イレブン、ウォークマンなど、開発当初は多くの反対があったけれど、実行し成功した例が浮かびます。

日常の業務で、常に独善的で強引であれ、などと言っているわけではありません。そんなことをしていたら、日常業務が円滑に回りません。しかし、新規事業を考えたりする時には、仮説設定や未知のマーケットに出ていく実行力の源泉として、独善的で強引なところから出発して、そのエネルギーを絶やすことのないようにしていくような利用方法としてなら、一見すると推奨できないような考え方も、十分使えるのではないかという意味です。

5　自分１人で実績を上げていてはだめ

自分で実績（売上など）を上げるのが、管理職の仕事ではありません。部下の実績を向上させるのが管理職の仕事です。

所詮、自分の１日は24時間以上ないのです。ですが、４人なら96時間、10人なら２４０時間あります。10人の部下がいれば、１人で上げる成果の10倍の時間をかけられるということです。

部下が、自分と同じように成果を上げられるようにすることが大事なわけです。

業績を上げてきた管理職の方が、部下が同じような成績を上げられないと、自分で動く方が早いし成功すると思いがちです。ですが、自分がどんなに優秀でも10人分の実績を上げられる時間はないのではないでしょうか。

短期的には、自分で動いた方が実績を上げられるかもしれませんが、中期的には、自分と同じくらいの実績を上げられる部下を何人も育成した方が、確実に自部門の実績は上がるはずです。しかも継続して実績を上げられるようになるはずです。

「人を使って」実績を上げる仕事が、管理職の仕事で一番重要なのです。

管理職になったら、まずこれができるようになってほしいものです。まさに、人を使えるかどうかが、管理職の適性があるかどうかの分水嶺なのです。

どんなに優れた実績を出している人でも、管理職に適性があるとは限りません。1人で上げられる実績が、普通の人の10人分以上あるというのは稀でしょうし、もしあるとしても何十年もできないでしょう。それよりも、同じ実績なら10人の部下を使って上げる実績の方が、会社は、管理職の評価として、いい評価をするものです。

しかし、部下はすぐに、あなたと同じような実績を上げられるわけではないので、かなり忍耐を強いられることになります。そこはもう、人は一朝一夕には変わらないものだと、腹をくくるしかありません。

これをやるとやらないとでは、何年後かには、担当する部門の実績に相当差が出るはずです。やり続ければ、どこかの時点から、少しずつ楽になったことを実感できるのでないでしょうか。

その時は、部下も成長しているはずです。

補足をしますが、人を使うより、自分で動いた方が得意だと思う場合は、管理職でいるより、高度な専門職で活躍する方が、自分の能力を十分に発揮できるでしょうから、その道を検討してみるという手もあります。

6　報告を待たない

部下が、依頼した仕事の報告に来ないと、文句を言う管理職がいます。

報告がないと思ったら、自分から聞きに行けばいいのです。待っていてはだめです。何度も自分から聞きに行けば、そのうち、部下も、どのタイミングで報告を聞きたいのかわかってきます。

例えば、今日が月曜日だとして、部下に来週の月曜日までに提出するよう仕事を頼んだとします。金曜日になっても、何の質問も進捗状況の報告もないので、もう土日の休みになるし、来週月曜日の提出が大丈夫かどうか、どうしても不安になるものです。

こんな時は、納期日まで待たずに、中間の水曜日くらいに進捗状況を聞きに行けばいいのです。そうすれば、順調に進めてくれているのか遅れているのか、また、こちらの意図通りに進んでいるのか、間違った方向に行ってしまっているのかがチェックでき、修正できる時間的余裕もまだあります。

納期日の月曜日に、提出された内容がこちらの意図通りではなくやり直しになると、納期遅れになり、そのために関連する仕事が全部納期遅れになってしまいます。

これ1つとっても、部下の報告を待たずに、早め早めに自分から、チェックしていくことは、後々、悪い影響を出さないようにするために重要であることがわかります。

もちろん、部下に仕事を依頼する場合、どういう意図でこの仕事を完成させてほしいか、中間の時点で一度報告してほしいなど、細かく事前の説明をするのが理想です。こうしたやり方は、プロセスも細かく手間がかかるようにも見えますが、二度手間や行ったり来たりもないので、結局、一番効率的なのです。

実際、二度手間や行ったり来たりが、もっとも時間や手間がかかる、とても面倒なことなのです。

さらに、部下も、事前に細かく指示されるやり方に慣れてくると、段々要領をつかみ、意図通りにできるようになります。

同時に、指示する管理職側も、毎回毎回、細かく指示しなくても済むようになります。

しかし、なかなかこれができないので、つい、報告がないと心配になり、部下に対する文句の1つも言いたくなってしまうのが、現状ではないでしょうか。

ただし、文句を言っていても、仕事のレベルは、まったく上がらないので、気をつけたいものです。

面倒でも、手を抜かないで最初からきちんと教えることの方が、結局、上司、部下の両方にとって楽にうまくいく唯一の方法なのです。

7　孤独に強くなる

役職が上がれば上がるほど、同じ立場の人の数は減ります。結果、同じ仕事をしている人は減るので、孤独になっていきます。

この孤独に耐えて、平気にならないと、人の上には立てません。

仕事の判断は、自分でするでしょうし、役割上の責任は、自分で取らなければなりません。事前には、いろいろ相談をするにしろ、最後は自分で決めなければならないわけです。

この意味で、自分で判断できる強さが必要になりますし、これは、孤独に強くなることと同義なのです。

孤独に強くなるということは、いろいろ迷ったとしても自分で決めることができ、それに対して責任をとれるという強さでもあるのです。

孤独に弱ければ、自分で決められないし、責任をとる姿勢も醸成されません。これでは、管理職として、成長できないでしょう。

一般的な企業での机の配置では、部長くらいから単独の机になるのではないでしょうか。こうなると、横にも前にも人はいませんから、並んで机を並べていた頃よりは、気軽に話せる相手はいなくなります。さらに役員になり、個室に移れば、1人でいることが多くなるはずです。

もっと時間を進めて、定年退職した後、次の仕事につかなければ、まったくの1人になります。

いつか、誰しもそうなるのです。

組織の中で長年、多くの人たちと一緒に仕事をしていると、自分の周りに人がいるのが当たり前になり、孤独な状態を想像しなくなります。

それが、定年で突然、あんなにいた周りの人が、まったくいなくなるのです。

筆者は、定年前に退職し独立して、コンサルタントになりましたが、同様に、組織を離れた途端、1人になったことを実感しました。幸いにして筆者は、子供の頃から1人で遊ぶことが多かったので、孤独でも結構平気でいられます。そのため1人で仕事をすることが、できているのではないかと思います。

それはさておき、今は管理職で、多くの部下を持ち仕事をしているかもしれませんが、いずれ組織を離れて1人になり、孤独になるのですから、いざ孤独になった時に、大きなショックを感じないように、今から、管理職としての判断力を高めるためにも孤独に強くなっておけば、きっと、定年後のショックも和らぐのではないでしょうか。

定年後の身の処し方について話を続けたいのですが、本論からそれてしまうので、別の機会に譲ることにします。

8　いつも笑顔で

部下に何かを言う時、たとえそれがいいアドバイスだとしても、不機嫌な顔をしていては、相手は、素直に聞こうという気にならないものです。嫌われないという意味ではないのです。自分の言いたいことを、相手にポジティブに聞いてもらうための技術として、不機嫌な顔ではなく、笑顔で接した方が、効果があると言いたいのです。

不機嫌な顔は、相手を身構えさせてしまいます。どうせ、何か文句を言われるのに違いないと。にこやかな顔は、相手の緊張を解き、自分のこれから言うことを相手が受け入れる準備を可能にしてくれるものです。

何十年も前の話ですが、１９８４年のロサンゼルスオリンピックの開会式をテレビで見ていた時、各国選手団の先頭で国名のプラカードを持って行進している米国の女性が、日本人にはとても真似できない、素晴らしい笑顔をしていたのです。なぜ、こういう笑顔ができるのだろうと思いつつ、とてもよい気分になったことを鮮明に覚えています。さっそく自分でも鏡の前で、その笑顔を作ろうとしたのですが、なかなかうまくいきませんでした。

でも、それ以来、筆者は毎朝鏡に向かい、笑顔を作ります。笑顔で私は気持ちよくなれたのだから、自分の笑顔によって相手は、少なくとも嫌な気持ちにはならないだろうと思うのです。

笑顔を鏡の前で作り、その鏡に映った自分の笑顔を見ると、イライラしていたり、機嫌の悪い朝でも、なぜか落ち着いてきます。不思議なことです。

ではなぜ、本当は楽しくないのに、鏡に作った自分の笑顔を見ているだけで、落ち着いて穏やかになるのでしょうか。

諸説ありますが、間違いなく人間は、目から入る情報を優先的にとらえているからです。耳や鼻から入る情報より、目から入る情報に頼っているとも言えます。このため、本当は楽しくないのに、鏡に映った自分の顔が作り笑顔だとしても、その笑顔という情報が脳の中で優先される情報となり、自分は楽しいのだと錯覚してしまうのです。

この目の錯覚の例は、他にもいくらでもあります。それだけ、人間の脳は目からの情報を優先してしまうために、間違いを犯すのです。

この錯覚しやすい脳を大いに利用し、鏡に映った自分の作り笑顔を見せれば、脳はだまされて精神的に安定します。生物的特徴を利用するのも、おもしろいですよ。

このように、笑顔の効果は非常に高いのですが、気をつける場面もあります。相手に笑顔ではなくへらへらしていると思われないことです。重要な会議で、皆真剣な顔をしている時に、自分では笑顔だと思っていても、周りからはそうとは思われない可能性があるということです。難しい顔をするということではありませんが。

9　リーダーシップには向き不向きがある

管理者向けの研修やいろんなハウツー本では、学んだり訓練すれば、誰にでもリーダーシップは発揮できると、概ね言っています。

しかし、リーダーシップといっても、数人のグループをとりまとめる役から米国大統領のリーダーシップまであるのです。このリーダーシップのレベルによって、向き不向きがないわけがないのです。

訓練や学習でできるレベルと、やはり資質を基にした経験がないとできないレベルがあるはずです。したがって、高いレベルのリーダーシップが必要な時は、向く資質があるかどうか見極めることが必要なのです。

トップ成績の営業マンが必ずしも優秀な管理職とは限りませんし、よく言われるところでは、素晴らしい野球選手が必ずしも素晴らしい監督にはならないというところです。リーダーシップの資質があるかどうか、自分自身の見極めが大切ですし、選考する企業側には、もっと大事に考えてもらいたいところです。

管理職研修の講師をすると、いろんなタイプの管理職がいることを実感します。よく感じることは、大企業の管理職が、必ずしも自分で判断したり決断できるようになっていないことです。

意外かもしれませんが、大企業の中には、課長クラスでも、決まった仕事や定型業務が多く、そのため、判断や決断を求められる機会が少なく、経験を積んでいない人もいるように感じるのです。

なぜそういうことを感じるかというと、管理職研修の中でケーススタディやシミュレーションゲームを行うことがありますが、その際、グループワークの中に入ってみると、判断や決断ができずに、話が前に進んでいないことがあります。

「ここは、こう考えて、こう行動してみよう」という仮説を設定し行動するという形にならないのです。

「こういう情報はこうではないか、ああではないか」という分析ばかりに時間が費やされ、肝心の、どういう行動をするかまでが出てこないのです。これは、やはり日頃仕事で、そういうことが求められていないためだと思われます。

ところが、新興ＩＴ企業などの管理職は、年齢が30歳代でも、日頃、多くの判断や決断をしているのでしょう、話が進むのです。

どちらがいいという話ではありません。企業の仕事の形が違い、組織の考え方が違うのです。ただし、リーダーシップの観点からは、仕事は非定型業務で新しい方が、より発揮の機会が多くなり、訓練にもいいはずです。

話を原則に戻すようですが、そもそもリーダーシップに向くのか、向かないのか、ということを考えてみます。

端的に言うとリーダーシップは、自分で決めたことをするために、人の前を歩きたい人が好む行動のことだと定義できるのではないでしょうか。

ご自身の子供時代のことを思い出してみてください。先に歩いて、皆がそれについてくる人であったのか、あるいは人の後をついていく方の人であったかです。

ついていくということは、どこに行くかとか、何の遊びをするかの判断を任せてしまうことになるので、楽と言えば楽に楽しめます。こういう子供時代を過ごした人が管理職になり、リーダーシップを発揮する必要が出てくると、ある程度は学習と訓練でできるようにはなりますが、精神的には大変です。一方、子供の頃から、自分が先に行き、それに仲間がついてくるように生きてきた人にとっては、リーダーシップの発揮は、その人にとって普通の行動パターンであり、何も苦痛ではありません。

誤解のないように、改めてお話ししますが、どちらの資質が優れているかということではないのです。向き不向きの話なのです。組織には、先に行く人もついていく人も必要なのです。たった1人では、リーダーという名称も存在しませんから。

10　本当に偉い人は偉そうにしない

「本当に偉い人は、偉そうにしないし、そもそも周りがあの人は偉いと思っているので、偉そうにする必要がないんだよ」

かつて、財界で活動していた伯父に教えられたことがあります。

伯父は、かつて新渡戸稲造氏の秘書をしていたこともあり、政財界に多くの知人がいて、他にもいろいろとそういうパーティーなどに連れて行ってくれましたし、新渡戸稲造の話もよくしてくれました。

前述の伯父の言葉は、財界の方が集まるある立食パーティーに参加し、元新日本製鐵社長であった稲山嘉寛氏を紹介された時のことです。離れたところで稲山氏を見ていた伯父は、「にこにこしていて腰が低いだろ。本当に偉い人はこうだよ。偉そうにする必要がないんだよ」と言いました。

逆の言い方をすると、偉くない人は、周りが認めてくれないので、自分から偉そうにするしかないということです。気をつけたいものです。

また、伯父は、在日米国大使公邸での大使主催のティーパーティーにも連れて行ってくれました。当時の米国大使はマンスフィールドという方で、長年政治家として活躍された方でした。この方も、にこやかで偉ぶることなく、笑顔で筆者に紅茶を入れてくれ、握手をしてくれました。あの握手をしたマンスフィールド氏の大きくて厚い手の感触をいまだに忘れられずにいます。

身近な職場でも、こういうことは実践できます。部下が相談や報告に来て、立って話している時、あなたが席で座ったままで聞いていたら、その部下ばかりではなく、回りからも偉そうに見えます。部下が立っていたら、あなたも必ず立って、話を聞きましょう。

また、以前筆者が勤めていた組織のナンバー2（社団法人なので理事長という役職でした）の方は、朝、お会いした時、「おはようございます」とご挨拶すると、向こうも「おはようございます」と答えてくれました。上から目線で「おう、おはよう」ではないのです。

この方は有名な経営コンサルタントで、何十冊も本を書いておられ、ビジネス書のベストセラー作家でもありましたが、こうした朝の挨拶ひとつをとってみても、まったく偉そうな人だと思ったことがありません。本当に偉い人は、こういう態度が分け隔てなく自然とできるのでしょう。

いざ自分ができるかというと、自信はありませんが、いつも心にとどめておきたいものです。

11　人によって態度を変えない

人はどうしても他人に対し、好き嫌いの感情を持ってしまいます。相手が悪いわけではないのに、どうしても好きになれない人がいるものです。

しかし、好き嫌いによって、自分の態度を変えてはいけないのです。

また、相手の役職や年齢でも、態度を変えてはいけません。どんな人にも同じように接するのです。たとえ、自分が相手から好かれていないだろうと思われる場合でも、自分からその人を嫌ったり苦手意識を持ってはいけないのです。

なぜなら、嫌いというのは、相手の悪いところしか見ていないために起こる感情だからです。

もともと、他人は自分と違う環境で育ち、違う価値観で生きているわけですから、違いを認め、その人のよい点を見るようにしないと、人間関係を狭くしてしまいます。人間関係を狭くすると、チームで仕事をする時、それぞれのいいところを生かして最大限の成果を発揮するということができないのです。特に部下のいいところを見ていないと、どんな時にどの部下が一番適しているかの判断がつかないのです。これは上司として最悪です。

少なくとも自分から他人を嫌う感情を持たずにいれば、他人からもそんなに嫌われることもなく、自分が困った時には、誰かが助けてくれるものです。

反対に、自分が相手に対して嫌いという感情を持てば、他人からも嫌いという感情を持たれてしまい、誰も助けてはくれない人間になってしまいます。

筆者にはこんな経験があります。

筆者が独立し人事コンサルタントになる時に、人事コンサルタントの大先輩を紹介してくれたA氏という方がいました。

そのコンサルタントの方は、A氏の紹介ならば、ということで、筆者を弟子のように扱ってくださり、本来ならゼロからの出発となるところを、長年築いてきたその方の信用を受け継いだ形で始められ、スムーズにスタートすることができたのです。

Ａ氏と筆者とは同じ組織にいたわけですが、その当時、それほど親しくしていたわけではなかったのです。しかし、筆者が当時、Ａ氏に失礼な態度をとったり、不誠実な対応をしたりしていれば、助けてくれることはなかったでしょう。

また、ある企業の人事部アドバイザーの契約がコンペになった時、すでにその企業で役員研修をしていたコンサルタントのＢ氏が、このコンペを役員から相談され、筆者を推薦してくれ、契約することができたこともあります。

Ｂ氏は、筆者の元の組織の役員の方で、先の話と同様に、Ｂ氏に失礼な態度をとっていなかったために、推薦してくれたわけです。

人から助けられた経験を持つと、機会があれば、今度はその人を助けようと自然に思うようになるものです。

人と人は、いつまた機会を得て、つながるようになるかもしれないのです。人と適当に付き合ったり、態度を変えたりしないで、常に誠実に臨むことを心がけていけば、自然といろいろな協力を得られるようになります。

人から助けられる人は、すなわち、人を助ける人でもあるのです。

12　管理職は外で通用する専門職ではない

定年まで管理職が続くとは限りません。さらに役員にまでなる人は限られてきます。管理職として50歳を過ぎたら、役職ではなく自分の専門性が外で通用する腕前を身につけておかないと、多くの人は定年後の長い期間や再雇用時にも役に立たない人間になってしまいます。この世間に通用する腕前を身につけるためには、５年や10年は必要なのです。これを定年後から始めるようでは遅いのです。

それでは、外で通用する専門職とは何かというと、自分の経験や知識で、問題解決ができる腕前を持っている人ということに他なりません。

たとえ社長になってもいつか引退の日は来ます。多くの管理職は、もっと前に管理職を降ります。降りた時に、自分が何もできない人になってしまわないように、自分の実務の腕前を磨き、外でも通用するという自信を持ち続けていれば、今の会社にすがるように生きることもなく、何歳になっても働くことができ、人の役に立つ生き方ができます。

管理職はジェネラリストなので、営業や開発の仕事の専門職ではありません。管理職となり実務を離れた期間が長くなれば、それだけ実務から遠ざかり、仕事の腕前が落ちます。よく転職時の採用面接で、管理職ができますと面接官に答えるという笑い話がありますが、こういう人では、本当の転職はできません。

例えば筆者は、今は人事コンサルタントですが、会社勤めの頃は、人事の仕事のすべての実務を経験していますので、社会保険手続や給与計算、研修企画など、コンサルタントとしては使わないことでもできます。この腕前があれば、どこかの会社で人事実務の募集があれば、応募できるわけです。

13　自分には厳しく部下には優しく

筆者が思う、立派な人の順位は以下の通りです。

第1位　自分には厳しいが、部下には優しい。
第2位　自分には厳しく、部下にも厳しい。
第3位　自分にはあまく、部下にもあまい。
第4位　自分にはあまく、部下には厳しい。

自分の役職が上がると、自分は偉いんだと錯覚し、ついつい自分にあまくなってしまいます。これが危険なのです。こうなると、偉い自分に至っていない部下を、できていないという感覚になり、厳しく接してしまうことになります。気をつけましょう。自分を律していれば間違いありません。

部下に優しくなるためには、部下のいいところを見るということを、習慣づけることが大切です。

人には長所もあれば短所もあり、人を見る時には、好き嫌いも出ます。

普通、人はどうしても人の短所や嫌いな点を先に発見してしまいますが、早く部下のいいところを発見して、そこを見て、そこと付き合っていくようにすれば、短所が気になったり、嫌いと感じる度合いが、少しは和らぐのではないでしょうか。

また、酒の席などで、部下に対する愚痴はやめましょう。部下に限らず、他人の悪口など、誰も聞きたくはないのです。聞いてもまったく楽しくありません。自分の品性を下げるだけです。このような話ばかりする人とは、段々、飲みに行きたくなくなります。

一方、人のいい点を話すことは、聞いている方も、苦痛ではありません。どちらかといえば、楽しい方です。

いい点を話すということは、好き嫌いの好きな方を話すことなので、話自体がポジティブです。ポジティブな話は、続きますし、聞いている人たちで、共有できます。話が発展し話題が広がり楽しくなるはずです。自分も楽しくなります。酒の席の会話も、こうありたいものです。

例えば、好きな俳優の、どんなところが好きかという話をすれば、それを聞いている人から、その俳優の別のいいところも出てきます。また、他の人から、それならば、別の俳優のこういうところもいいよという話も出て、どんどん話は、楽しく広がっていきます。

嫌いな俳優の嫌いな点を話しても、こうはいきません。容易に想像できると思います。

第2章　仕事の進め方

14 「働いていない」と部下から思われる理由

自分では、一生懸命やっているつもりでも、部下からも同じように評価してもらえるでしょうか。

実は部下は、自分で考えている半分ほどしか、あなたを評価していないと思った方がいいのです。部下は、上司をずっと見ているわけではないからです。

物理的に見えないところでの仕事は、当然部下からは見えないのですが、見えていても、上司の仕事そのものが、部下にとって、よくわからないこともあります。これは、席にいても部下から見ると、上司が仕事をしているのかいないのか、わからないということです。わからなければ、ややもすると、仕事をしていると思われない可能性もあります。

例えば、他部門の責任者に自部門との仕事の調整や協力依頼のため、席を長く外すということは、管理者には多くあるはずです。

ところが、部下から見えるのは、上司が席にいないという事実だけです。往々にして、上司がいない時に限って、部下が相談したいことが発生します。そんな時に上司が席にいなければ、その記憶はなおさら強化されます。

ではなぜ、部下は上司が仕事をしているように見えないのでしょうか。

それは、部下の仕事が実務中心なので頭だけではなく手も口も足も動かしていて、仕事をするということを体全体で実感しているからなのです。それに比べて管理者の仕事は判断業務の比重が増えるので、頭を使うことが増え、体を使うことが減ってきます。その結果、部下から見て体を動かさない上司は仕事をしていないように感じるというわけです。

では、どうすればよいのでしょうか。答えはできるだけ1人で仕事をしないということです。1人でできる仕事でも、なるべく部下を絡ませ、部の仕事として行うことです。全部の仕事をそうするわけではないのです。部下が仕事を覚えるいい機会になる場合や、その仕事の一部を分担することで、部下が今よりも部全体の仕事が見えるようになる場合に、絡めるのです。これは部下の成長にも役立ちます。

それが難しければ、自分がしたと思う倍の仕事をすれば、仕事をする上司だと思われるでしょう。

ところで、「やっている」という自分の判断は、どんな基準に基づいているのでしょうか。

ご家庭でこんなことはありませんか。例えば、あなたが男性だとし、妻と共働きなので、自分では半分くらい家事を分担しているとします。ところが、管理職の身では、仕事で遅くなるばかりか、公式、非公式の飲み会など家事を分担できない事情がいっぱい出ます。これでは、できる日は家事を分担しているにすぎないのです。これを、自分では半分家事を分担していると思いがちなのです。

一方、奥さんの方では、同様に仕事の事情があるのに、夫の帰りが遅ければ、早く帰り家事をしなくてはならなくなります。

奥さんの立場に立てば、確かに夫は、やれる日は半分家事を分担してくれるけど、１カ月の間で考えると半分どころか、せいぜい２、３割程度だと思うのです。夫は、やれる日だけとはいえ、半分も、ちゃんと分担している、こういう夫はあんまりいないはずだなどと考えてしまいがちです。

この夫のように、今までゼロに近いところからスタートしていれば、多少やれば、やっていると自分では思いたくなります。一方、家事のほとんどを分担していた配偶者の方では、家事全体の量や時間を測ることができるので、自分がしていることと比較して判断します。

結局、自分ではやったと思う側は、自分を過大評価するし、評価する方は、自分の家事より、まだ少ないと考え、厳しく評価するのです。

自分をあまり過大評価しないように、全体の仕事の分量に対してどうかを考えるようにしましょう。

15　仕事の前と後ろを意識する

自分の仕事には、必ず前と後ろの仕事があります。少なくとも、次の人の仕事を楽にしてあげようと心がけてもらいたいものです。

あなたのした仕事を受けて、さらにいろんな要素を加え、次の人は仕事をすすめるわけですが、次の人がどのように仕事をするのか推しはかり、自分の仕事の完成度を上げるとか、納期を短くして、次の人に時間的な余裕を与えてあげるとか、何かあるはずです。

例えば、依頼された仕事の完成度を上げるためには、まず、その仕事の全体を理解し、その中での自分の分担する仕事の位置づけを知らなければなりません。こうすることで、全体の完成度を上げるために、自分の分担としては、依頼内容によってどう踏み込んだり、どう新しい情報を付加したりすればよいのかがわかるのです。

これがわからないと、次工程を担当する人にとって、助かることなのかどうかを考慮しないで、仕事を渡してしまうことになります。これでは、受け取った側にとって、かえってよけいな仕事が増えてしまう結果にもなりかねません。

また、納期を短くするとは、ただ単に、自分の仕事の部分だけ納期を短くすればいいという話ではありません。

例えば、短縮した１日分で別の情報を付加できたり、同じ仕事を分担している他の人や上司の分担を助けることができます。納期を早くする必要のない時でも早くすることで、見直したり出来栄えをさらに上げる時間が生まれるわけです。

もちろん、次の人が納期の１日前にもらうことができれば、１日分の余裕ができたことになります。

仕事を早く処理するという自分の能力を上げるだけではだめで、上げた能力を全体の仕事の完成度を高めたり、他の人を助けたりすることなどに使おうという意識が重要なのです。こういう仕事が本当に優れた仕事と言えるのではないでしょうか。

仕事を早くこなせるということは、人より多くの量の仕事ができるということであり、結果多くの経験を積むことにもなります。この蓄積が、他の人との差になるのです。余裕を持って仕事をすることは大事なことではありますが、自分は人より仕事が早いだろうで終わってはいけないのです。

もちろん、こうしたことは一般社員にも心がけてもらいたい内容ではありますが、そこまで、一般社員に気を遣えというのは酷なところでもあるので、まず管理職の方々から実践していただきたいものです。

16　失敗とは途中で投げ出した人の言い訳

仕事上で何か失敗した時、その場の失敗ということで片付けてしまうことがあります。でもそれは本当に失敗なのでしょうか。

「失敗したという人は、途中でやめてしまった人のことである。成功した人は少なくとも、成功するまでやり続けた人である」

という言葉があります。失敗は成功までの蓄積です。失敗が多ければ多いほど、成功への基礎は頑丈なものになると考えましょう。

まず、よく失敗する人というのは、ことを始める前に、どういう結果を出すべきかなどの仮説を設定しないで走り始める人です。言ってみればゴールを決めないで走っているのと同じで、向かう先がわかりません。

登る山を決めないで、歩き始める人はいないでしょう。

筆者はよく山に登るのですが、登山口のある最寄駅に着くと、そこから見る目標の山は、はるかに遠くに見え、その時は本当に今日中に登れるのだろうかと思ってしまいます。

登山口から登り始め、ようやく尾根沿いに出ると、今度はいくつもの小さなピークがあります。この辺になると、目の前のピークがじゃまをして頂上が見えなくなります。1つのピークを越えるたびに、もう頂上だろう、次こそ頂上だろうという感じになります。いくつピークを越えても頂上になかなか着かないと、あせりや気持ちが落ちたり疲れが増してきます。でも、ずっと歩き続ければ、そのうち目標の頂上に着きます。

体力によって到着する時間は、人によって違うでしょう。しかし、目標の山を定めれば、頂上に着くのです。

自分にとって、もっと難易度の高い山を目指す場合は、登山ルートを詳細に調べたり、天候や途中の水場の確認、避難小屋の有無など、いろいろ多くの情報を入手し想定されるリスク回避の方策も立てるでしょう。

仕事でも同じです。

一方で、走り出してから、いろいろ考えればいいのだ、とにかく先に行動に移すことが重要だと言う方がいます。

確かに、すぐ行動をすることは大事なことです。しかし、ゴールや目標を決めないで行動を始めることは無謀以外の何ものでもありません。

このような考え方を持つ人は、このやり方で成功したことがあるのでしょう。しかし、これでは、成功要因を分析したり、成功したやり方を再現できないでしょう。うまくいかないことで、そこから何かを学ぶことをせず止めてしまうので、失敗となるのです。

ゴールや目標の設定、あるいは仮説の設定などを最初に決めるから、そのための行動やプロセスもシンプルにぶれずに進めることができるわけです。結果、うまくいけば、うまくいった要因がわかりますし、うまくいかなかったら、うまくいかなかった原因がわかり、修正して次の手が打てます。

こうしたことを繰り返し実施していけば、失敗もうまくいかなかった時期があるくらいに減り、その失敗もよい経験に昇華させられるようになります。

先人では、本田宗一郎や松下幸之助の名前が浮かびますが、何年もうまくいかない状態が続いても、あきらめずにやり続けていたからこそ、今日の大企業として存続しているのです。

また、日本でノーベル賞を受賞した科学者の方々も、何十年にわたり同じ研究を継続していたからこそ、一歩ずつかもしれませんが、高みに近づいていったのではないでしょうか。

あきらめない信念、途中で投げ出さない粘り、自分の考えに対する誇りなどを持っている人が、結果的に成功する人なのです。

仮に成功という実感がなくても、生涯やり続ければ、少なくとも失敗はありません。人間国宝として活躍されている方々が、よくお話しされる中で、まだ完成していないという感想をよく聞きます。成功ではなく、完成という言葉をお使いなのです。1つできれば、またその上の目標ができ、生涯、前を見続けているということです。これも、とても大事なことではないでしょうか。

17　まず、明日を仮説する

仕事をすることを、別の言い方で表現すると、明日を創ると言ってもいいのではないでしょうか。期待する明日を創るため、今日の仕事をするということです。これが、仮説設定です。明日を仮説設定して行動し、明日が現実のものになった後、設定した仮説が正しかったかどうか、検証していきます。この繰り返しが、まさにマネジメントの基本なのです。

ただただ、毎日、決められた仕事だけをこなしているだけでは、何年経っても同じ状態です。これでは、何の進歩、成長もありません。

今日の仕事を明日も同様にするのであれば、今日より明日の方が生産性は上がり品質も上がるようにしなければ、会社は成長しませんし、自分の給料や役職も上がりません。

1日1日、ほんの少しでもよくしようとする姿勢が大切で、これを毎日することが、何年後に大きな差になるのです。

例えば、定型業務で毎日1人が5時間かかり、それを2人で処理している仕事があります。これを毎日1人が1分ずつ短縮するとします。5時間のうちの1分ですから、300分の1で0・3%強ほどです。このくらいならできるでしょう。

これを3カ月行えば、週休2日でも60分短縮できます。つまり、3カ月後には、今まで1人が5時間かかっていた業務処理が4時間でできるようになるということです。

さらに続けると、7カ月半後には、半分の2・5時間でできるようになります。1人が2・5時間ですから2人で5時間、つまり、最初2人で処理していた仕事は1人でできるようになるということです。

これをただの机上の空論としてはいけません。

明日を設計するということは、あらゆることを漫然と過ごし、今日も明日も同じという姿勢からは、絶対に生まれません。

あらゆる仕事を、今日より明日の方をよくするという姿勢を持つことで、具体的にどのようにすれば、明日の方をよくできるかが、浮かんでくるのです。

そして、明日を考えると、明日の先の明日が考えられるようになるのです。まさに言葉通りの明日ではなく、もっとその先の明日が考えられるようになるのです。それが、将来を考えるということです。

ところが、遠い将来のことを具体的に考えることは難しく、夢に近くなってしまいがちです。将来の絵を夢にするのではなく、具体的な現実にするために、まず、明日を考えることができるようにすることが、肝要なのです。

18　苦手な仕事から始める

自分から遠い関係の仕事から始めるということを前述しましたが、仕事の優先順位づけには、嫌いなこと、苦手なことから始めるというやり方もあります。どうしても、人は得意なこと、好きなことから始めてしまいがちです。そうすると、最後に嫌いなこと、苦手なことが残り、結局、ギリギリになってやることになります。こうすると、それがうまくいかなくなる確率が上がり、完成度が低くなるばかりでなく、納期に間に合わなくなることすら生じます。最初の得意な仕事での完成度の高い出来栄えも相殺されてしまいます。

1つの仕事は、最後に向けて完成度が上がっていく方が、見栄えがよくなるものなのです。

例えば、営業が苦手な人の場合、取引先の中でも自分を歓待してくれる相手や、長年の安定した取引先に、より多く訪問してしまいがちになります。こうした順番で取引先を訪問していると、ただでさえ苦手な営業なので、さらに他の取引先に足が向かなくなります。

これでは、本来必要な、いろいろな取引先から取らなければならない情報に偏りが出ますし、取引関係を落としてしまうことにもつながりかねません。

もっと肝心なことは、これでは、苦手なことを、まったく克服できないということです。

克服し自身を成長させるためにも、ここは、苦手な取引先から営業に回るように、常に意識して行動してください。そのうち、段々苦手意識もなくなり、営業のおもしろさを体感できるはずです。

営業が苦手ということはないけれど、営業先で苦手な人がいるという場合もあるでしょう。この場合も足が遠のきます。

別の項でも書きましたが、合う回数に比例して、この人は自分とは違うという感情は残るとしても、嫌いな感情は、和らいできます。自分がこういう感情に達したら、相手も同様の感情になるでしょう。ここに到達するまで、少なくとも、苦手と思う相手先への訪問を続けてください。きっと、何か得られるはずです。

また、こんな話もよく聞くと思います。

「雨の日こそ訪問しろ」。

雨の日は、誰でも外回りは嫌なものです。嫌と思う人が多ければ、訪問者も少ないということですし、訪問先の人も雨の日なので、出たがらないという理由で、こう言われているのです。結果、アポイントも取りやすいし、時間も多く取れるということではないでしょうか。

嫌な雨の日こそ、ぜひ、苦手な取引先を積極的に訪問してみてください。

19 仕事を渡す次の人のことを考える

仕事の前と後ろを意識するということを前述しました。少し似た話にはなりますが、そもそも、皆さんは、仕事の時、仕事を渡す次の人のことを考えていますか。自分の範囲だけやって、次の人に渡していませんか。また、納期ギリギリまでかかって、次の人に渡していませんか。

逆の立場になってみましょう。仕事をもらう時、前の人がどのようにやったかによって、自分の担当のやりやすさは異なります。ここまでやってくれていて、ありがたいと思うか、「何だこのやっつけ仕事は」と思うか、という意味です。

やはり、担当した仕事を次の人に渡す時は、「ありがとう」と思われるよう、取り組みたいものです。そのためには、次の人がやりやすいように考えながら、自分の担当部分の仕事をするということです。

そのためには、前項で書いた通り、仕事の全体を知る必要がありますし、次に渡す人が、どういう分担になっているかも知っておく方がよいのではないでしょうか。

そうすれば、納期日に次の人に渡すくらいでいいのか、次の人の分担の方が面倒そうなので、できる限り早く渡してあげようかなど、いろいろ次の人のために考えられます。

このように考えていくと、自分の前からもらって自分の分担をし、次に渡していくという流れが、それぞれに独立した仕事ではなく、一連の仕事のように、連続性を持った形になるはずです。

こうした仕事は、できれば自分の仕事より優先して取り組み、次の人に渡す方がよいのではないでしょうか。

というのは、夜遅くなっても、家へ持ち帰っても、休みの日でも、自分の仕事はできるので、自分の仕事をするために必要な時間の調整は、いつでもできるからです。

20　仕事は最後まで手を抜かない

もう何年も前の話ですが、筆者が人事部のマネジャーの時、新人事制度導入の取り組みをしていた時のことです。完成間近になり、目途がついたので、筆者は最後の仕上げを惰性でやってしまったのです。

完成した時点で上司にチェックしてもらうと、細かいところがいくつか抜け落ちていました。その時上司は、「最後の詰めがあまいよ。仕事というものは、完成間際に全精力を注いで、集中してやらないと完成度が落ちるよ。そうしないと、自分の今までしてきた努力が全部無駄になり、この程度しかやっていなかったと判断されるよ。最後に手を抜くなんて、そもそも自分に失礼だろ」と言われました。

それ以来、筆者は、仕事のみならず何でも、決して最後まで手を抜かないで行動するようになりましたし、その結果、完成度も上がりました。今もって、この上司に感謝しています。

途中から仕事を惰性でやってしまう場合と、最後まで集中して仕事を完成させた場合では、出来栄えがとても違ってきます。8割ほどできた時点で惰性になれば、8割がたの出来栄えが維持されているだけですし、9割ほどできた時点で惰性になれば、9割がたの出来栄えが維持されただけです。最後の1、2割になった時点から、この残った1、2割を集中して完成させていけるかどうかが、その人の力量なのです。仕事では、これが問われるはずです。なぜなら、この最後の詰めが一番きついからです。この最後のきつさに負けないで、より集中し仕事を仕上げられれば、本当のその人の実力がわかります。

簡単ではありませんが、常にこのことを肝に銘じて仕事に当たれば、段々できるようになるはずです。その結果、できるレベルが上がれば、仕事の出来栄えが、誰から見ても上がったように見えるはずです。

仕事の最終段階で、いかに完成度を上げるかに全神経と集中力を注げるようになれば、そのような仕事ぶりが、とても楽しくなるはずです。

21　失敗の共有より成功を共有する

部下が失敗した時、「失敗から何を学ぶかが重要だよ」などと、言ってはいませんか。

確かに、大事なことではありません。ですが、成功した時に、それをただ喜んでいないで、失敗した時以上に、成功の要因などを分析し、この時だけの成功に終わらせることなく、成功の一般化をして、いつでも再現できるようにすることの方が大事なのです。

１人の成功をノウハウ化し共有できるようにし、みんなの成功につなげるように持っていくことが重要なのです。

失敗から学び、二度と同じ轍を踏まないというのは、守りの姿勢です。本当の失敗の原因を明らかにし、失敗しないやり方に改めることは、もちろん大事なことです。しかし、往々にして、その対策は失敗しない元の状態になるだけで、進化していない可能性があります。失敗を除去し、うまくいくようになったら、次は、もっとうまくなるように考えることが大事なのです。

守りだけではなく、成功を共有するということは、攻めの姿勢なのです。

失敗は、過去のことなので、事実がすでにあるわけですから、そこから分析し、次に失敗しない対策を打つことで、失敗前の状態に戻すことはできます。一方で、成功の原因を分析し共有しても、次の成功は、同じことが起こるかどうかわからない未来のことなので、実は共有して一般化できたとしても、その再現は、現実的にはとても難しいことではあります。

しかし、これをやっておかないと、未来に起こる出来事の成功確率を上げることはできません。

22 あるべき状態を維持することの大切さ

よくない状態をあるべき状態に戻すと、それだけで自分でもよくやったと思うし、回りからもなかなかできる人だと思われます。

しかし、よくない状態になるまで放置したことの方が問題です。そもそも、よくない状態にならないように維持していれば、こんな面倒なことをするはめには、ならないはずです。

一度、よくない状態になったことを元に戻すことは、とても手間がかかり、時間や労力もよけいにかかります。

あるべき状態を常に維持することを、もっと重要に考え、想定されるリスクに対して、事前に手を打ち、管理していくことが、結局、一番効率的なのです。

極端な例かもしれませんが、ＪＲ各社は、新幹線の高架橋の柱に、耐震性を高めるため、鉄板を巻く工事をしています。これは、いざ地震が発生した時に、その被害を最小限にするための措置です。どんな不測の事態が起こっても、安全に新幹線を走らせるというあるべき状態からの逸脱を最小限にする措置なのです。この対策の方が、何も対策を講じず、地震で高架橋が壊れた都度、建て直すというやり方より、はるかによい対策であることは、疑問の余地はないかと思います。

自然災害への対応という例は、極端かもしれませんが、何もしないけれど、あるべき状態が維持されているケースはそれほど多くはないと思います。

あるべき状態からの逸脱は、はじめはほんの少しです。見逃してしまうくらいです。ですから、この時点で発見するためには、とても注意深くする必要があり、それはとても面倒なことなのです。

そのために、ついつい対策を怠り、段々不具合が大きくなり、ようやく手を打つことになるのですが、後手後手に回っているので、大変な手間がかかることになってしまいます。

23　自分の性格をうまく使う

この話をする前に２つのことを、まず覚えてください。

１　人間の性格はなかなか変わらないものである。
２　性格は発揮される場面により、よくも悪くも出るという二面性がある。

これを踏まえたうえで、話を進めます。

まず、性格は変わらないという話ですが、これは、外見と同様に、両親から受け継いだ遺伝子によるところが大きいからです。

ただし、どの遺伝子がどういう性格を形成するのかなど、不明な点も多くありますし、一卵性双生児の調査でも違う性格が表現されたりしますので、あくまで

1つの説から想定した話として受け取ってください。

言えることとしては、生まれてからの環境や学習、訓練など習得の違いにより、生まれ持った性格を包んで、あたかも違う性格になったような行動は、できるようにはなるということです。

だからといって、生まれ持った性格、資質と言い換えてもいいと思いますが、それが変わるということはないのです。なぜなら、資質が変わるということは、遺伝子から変わらなければならないからです。とても無理な話です。環境や学習には、遺伝子を変える力はありません。

2つめの、「性格は発揮される場面により、よくも悪くも出るという二面性がある」という話ですが、例えば、子供の頃、おおざっぱな子だと言われたとすると、別の場面では、細かいことを気にしないおおらかな子だとも言われるということです。これは同じ性格ですが、細かいことが必要な時に細かくできないと、おおざっぱという、悪い言われ方をされることになります。

一方、そんな細かいことを気にする必要のない時は、神経質ではなくおおらかだねと、いい言われ方をされるということです。

別の例はこうです。細かいことが気になる性格は、細心の注意を必要とする仕事の時などでは、注意深く慎重な、いい性格だと思われますが、多少の間違いがあってもたいした影響はなく、楽しくやれる方がいいような場面では、神経質だと、悪い性格のように言われてしまいます。

このように、性格は二面性があります。この自分の性格の両面を、長所のようにうまく使えるようになることが、とても大事なことなのです。

何一つ欠点や短所がない完全な人間などいません。しかし、素晴らしい人間に見える人とそうでない人がいるのも事実です。その違いは、自分の性格の両面をよく知り、その性格がよい形で出せるよう、うまく使いわけられるか、そうでないかの違いではないかと思います。

持って生まれた性格は、なかなか変わりませんが、性格のよい出し方は、訓練でできるようになります。ぜひ、心がけてほしいものです。

自分の性格をコントロールでき、長所としてうまく使えると、短所としての性格を包み隠すことができるようになり、外から見ると、人格的にグレードアップしたように見えます。最初は自分を訓練することから始めますが、意識して続けると習慣化でき、段々自然にできるようになるはずです。

仕事をよりできるようにすることはもちろん大事ですが、人格をより磨く訓練を継続することは退職後も続きます。これを継続できれば、老人になり晩節を汚すなどのようなことは起こらないはずです。

定年になり、役職という鎧がなくなれば、自分の人格が全部表に出ますから、役員や部長で立派でしたという評価はなく、人柄だけで周囲から評価されます。この時になってからではもう遅く、晩節を汚すことになってしまいます。

少し脱線しましたので、この話は別の機会にします。

第3章　上司との付き合い方

24 自分の上司を成功に導け

部下へのサポートと同様に、上司へのサポートも必要です。上司がもっともパフォーマンスを上げられるようにする必要があるのです。こうすることで、上司は、部下であるあなたを、今まで以上に必要とするようになり、あなたの信頼も増します。そうすれば、上司の仕事のサポートから、上司の仕事を分担し一部を任されるようになります。あなたは、上司と同じ役職まで昇格する前に、すでに上役の仕事ができるようになるのです。上役の仕事が、すでにできると認められれば、昇格の確率もきっと上がるでしょう。少なくとも、そう思って仕事をしてください。

管理職の役割には、部下を自分より優秀な人材に成長させることがありますが、一方で、自分の上司を成功させるのも、部下としての管理職の重要な役割でもあります。

自分の上司はよく仕事を下に投げてきて、こちらばかり忙しくなってかなわないと嘆く管理職がいます。こういう考えで上司の仕事を受けていたら、やっつけ仕事になり出来栄えが悪くなります。出来栄えの悪い仕事を返された上司は、そのまた上司からできの悪い管理職という評価を下され、昇進しないでしょう。

どんなことを依頼されても、できのいい仕事で上司に返してあげ、結果、上司の仕事の出来をよくすることが、部下の管理職として大事なことなのです。

自分の上司を失敗させてはいけないのです。自分の上司を成功に導きましょう。

上司をサポートし、結果、上司がよい業績を上げられ昇進していけば、上司・部下の関係がなくなっても、必要になれば、きっとその上司の頭に、名前があがるでしょう。ある企業で新社長が、新役員を選ぶ時など、よくあるケースです。

25　上司のペースで仕事をする

あなたにも、上司の管理職や役員がいることでしょう。その上司から仕事の依頼も多いのではないでしょうか。

こうした場合、あなたは、依頼された仕事を自分のペースでやろうとしていませんか。

できるなら、依頼をしてきた上司のペースで仕事をしてみてはどうでしょうか。上司が求めるレベルや納期だけではなく、そのプロセスも上司のペースに合わせて見るのです。こうすれば、途中で確認が入っても、上司が安心する進捗報告ができ、信頼度も増すでしょう。

例えば、上司から依頼された仕事の納期が5日後とします。それを納期通りの5日後に提出したら、上司から見て、あなたは普通の人です。こんな時は、1日納期を前倒しして、４日後に提出するのです。これなら上司にとって、１日の時間的余裕が生まれ、上司の仕事の完成度も上がるというものです。これなら、あなたは優れた部下と認識してもらえます。

さらに、上司のペースで仕事をすることで、一部を依頼されている状態よりも、上司にとって一緒に仕事をしているように感じてもらえるようになり、共同して仕事を進める一体感も増すのではないでしょうか。

視点を変えると、上司の仕事のペースがわかるということは、上の役職の仕事が、どのようなペースでなされているのかが、わかるということです。

これがわかってくると、自分の上司の役職の仕事が、どういう情報を集め、どのようにまとめ、次の仕事を進めるための判断に使っているかが、わかるようになります。ただ指示されて上司の仕事をしていた頃とは、格段に違うやり方になっているはずです。

このように上司目線で一緒に仕事を進められる部下は、上司にとって、実に頼りになり頼もしいものです。

別の項でも書きましたが、こういう記憶も、上司·部下の関係でなくなっても、その上司の記憶にはっきり残るものです。

自分の実力や仕事ぶりを上司に理解してもらうことは、上司にとって、どんな時に誰を抜擢するかを決める時、あなたの活躍ぶりを明確にイメージさせることにつながりますし、結果、より自分の強みの仕事につくチャンスも広がるのではないでしょうか。

この項では、自分の上司に対しての話でしたが、同様に、自分の部下が、自分のペースを理解して、依頼した仕事をしてくれたら、それは、とても嬉しいことではありませんか。

26　誰のために働くのか

人は誰でも、自分の仕事で成果を出す、成功をするということを目指して働いているわけですが、自分の成功が他の人の失敗によって成り立つのでは困ります。では、自分以外に誰を自分とともに成功側に入れるのでしょうか。それは、自分の上司に他なりません。

自分の仕事は、自分の上司を成功させるためになされないといけません。上司が失敗したら、部下である自分もこけます。上司が成功し昇進していけば、自分が昇進する可能性も高まります。

新しく社長になられた方が、新体制を組む時、以前部下だった人を思い出すのはごく自然なことです。以前の部下の働き方がわかっているので、どの仕事なら適任かをイメージしやすいのです。知らないけれど優秀そうな人材より、抜擢するポストでの成果を予想しやすいのです。

だから、自分の上司には、自分がどういう仕事が得意なのか、どういう場面で能力を発揮してきたのかなどを、しっかり記憶してもらう必要があるのです。

優秀であるとかないとかの話ではなく、上司にとってわかりやすいことが大事なのです。

わかりやすいということは、上司の期待を具体化でき、それに沿った結果を出せるという意味です。上司から見れば、自分の考えていることを具体化してくれて、わかりやすくなり、考えの整理が進むのです。

例えば、営業出身の上司が、会社としてコスト削減の必要性が出て、それに対応しなければならない時に、あまり得意分野ではない上司に代わり、具体的な方策を提示し、自分がやりますと宣言するようなことです。

このわかりやすくできることは、ある意味能力なのです。シンプルに行動でき、シンプルに成果を出せるという意味です。

27 納得できない上司の場合

とはいえ、どうしても心からサポートしたいと思えないような上司もいます。そんな上司が出世していったら、もっと納得できません。そんな時は、その上司を成功させないことです。ただし、自分の昇進や出世もあきらめる覚悟が必要です。

矛盾したことを述べているように感じられるかもしれませんが、要は、自分の見識と価値観を大切にし、仕事をしていくかどうかなのです。

本当に上司が間違っていると思えば、上司と話し合い、自分の意見を言う必要があります。それで解決しない場合や、間違っていると思う上司が出世するような会社は、あなたと価値観が合わないわけですから、別に価値観の合う会社を見つけるという選択肢も考えることが大事です。

筆者が人事部のマネジャーだった頃の話です。その時の上司は管理部門を統括する役員なので、現行の人事制度の運用管理をし、各部門に徹底させる側の責任を持っているわけです。

ところが、制度を守るどころか無視し、自分の個人的なやり方で、人事制度を運用しようとしたのです。自分の考える人事制度に変更したければ、制度の問題点を指摘し、新たな人事制度にすることが本来の筋ですが、自分が正しいということを説明することもなく、とにかく無視して好きなようにやりたかったのです。

こうして自分の好みの部下を昇格させ近くに置き、よい評価をしました。

一方、筆者は窓際族になり1年間ほぼ仕事がなくなり、人事制度のルールにはない特別低い評価も受けました。

このことで、筆者は2つのことを考えました。

1つは、この人を役員にしているということは、この組織はどういう価値観を持っているのだろうか。いつかこの人の役員としての適性について、普通なら社長は気づき手を打つだろう。それまでは、我慢してみよう。

もう1つは、こんな人を役員にしている組織なんかにはいられない、すぐ退職しよう。

そして、実際に筆者は転職活動もしました。そうした中、この役員には何度も、仕事がないのだから現場に出してくれと頼んで、1年後、ようやく営業の現場に異動できました。異動できたので、結局退職しないで済みました。

上司が間違っていると思い、自分が正しいという思いと妥協できない場合は、腹を決め退職まで考える覚悟が必要です。

管理職といえども従業員です。上司とも永久に一緒ではないとはいえ、埒があかなければ、辞めるという選択肢があります。こんな人間関係や状況では自分のメンタルが折れてしまうと思ったら、辞めた方がいいかもしれません。会社勤めは、自分の健全な精神を犠牲にするほど価値のあるものではありません。

これは、譲れない自分の生き方という価値観との戦いなのです。

蛇足ですが、この役員は筆者が営業の現場にいる頃、解任させられ、会社を去りました。同時にこの役員に登用された方々もいられなくなり退職しました。

第4章　部下との付き合い方

28 人事評価のフィードバックは自分の言葉で

部下に対するあなたの評価と、会社の最終評価が異なる場合もあります。こんな時でも、必ず自分で、自分の言葉でフィードバックしてください。

筆者の経験でこんなことがありました。ある部長が自分の評価と違う評価結果になっては、自分から部下に説明できない。人事部長から言ってくれということがありました。筆者は、「いいですよ、私は嫌われるだけだから。だけどあなたは、上司と部下の関係でもっとも大事な信頼関係を失いますよ」と、言いました。その部長は、黙って引き下がりましたが、その後、自分の言葉で部下にフィードバックできたのでしょうか。

自分の言葉で部下に評価結果を説明できなければ、部下の信頼を得るのは難しいでしょう。

評価の最終結果は、部下本人が決めることではありません。本人に評価結果を説明することは、とても大切ですが、そこで本人が納得するかどうかは重要ではありません。もちろん、上司も最終結果は決められません。決めるのは会社です。

前述の部長の誤りは次の2つです。

1つめは、部下を自分の評価の物差しで評価してしまった。本来、管理者は会社から委託を受けて部下の評価をするので、会社の評価の物差しで評価しなければならなかったということ。

例えば、自分が大事にしている価値観を共有している部下を過大によく評価したり、また逆に、違う価値観の部下を、感情的に低く評価してしまうなどです。

あるいは、自分の苦手な部分、例えばＩＴ系の知識などに優れた部下を、自分を基準にして、過大によく評価することなどの誤りも、よくあります。極端なところでは、好き嫌いで評価することがありますが、もちろん論外です。

2つめが、最終評価と自分の評価が違った時、どこがどう違うのか、確認しなかったということ。

直属の上司と会社の評価が違うことはよくあります。しかし、その時は必ず、なぜ自分の評価と違ったのか、評価項目ごとに確認し理解すべきなのです。そうすれば、自分の言葉で部下にフィードバックできるようになるはずです。そして自分の評価尺度を会社の尺度に合わせていくことで、会社の期待する評価ができるようになるのです。

このようにすれば、部下本人も、会社の期待と自分の実績との差が冷静に判断でき、会社の期待に応える実績を、徐々に上げられるようになります。

具体的なフィードバックの方法も、あわせてお話しします。

1対1で話し合う場を設けますが、お互いの座る位置に気を配ってください。なるべくお互いが真正面にならない配慮が必要です。人は、正面で向き合うと緊張する傾向があるためです。斜めに座れば、緊張せずリラックスします。

この位置で、まず、一定期間の働きに対しその労をねぎらい、部下から自分の実績や活動に対する自己評価を話させます。先に話させるというのは、部下にとって、この上司は自分の話を聞いてもらえる人なのだということを、はっきりさせるためです。自分の話を聞いてもらえることで、人は一定の満足感を得ることができると考えられているためです。

十分、部下に話させてから、今度は上司から、部下の実績や行動のよかった点を先に具体的に示します。上司としては、逆に、できなかった点から言いたくなるところですが、ぐっと我慢します。なぜなら、誰しも否定や批判の類は聞きたくないことだからです。ここから入ると、その後、どんなにいい点を言っても、もうすでに上司の言うことが頭に入ってこなくなっているので、まったく効果がありません。

よかった点を話し、部下も肯定的な気持ちになって初めて、次に、よくなかった点、できなかった点を、これも具体的に示します。いい点も悪い点も、この具体性が大事です。具体的な結果は、事実に基づくことですから、聞く立場の部下には、よく理解できることなのです。また、言う方の上司も、印象や感情ではなく、事実を確認してから話すことになるので、気に入らないことだとしても冷静に対応できます。

次の評価結果は、自分の考えではなく、会社の基準に基づいて出された結果だと、説明します。

そして最後には、うまくできなかった点について、今後、上司としてフォローしていくことと成長することを期待している旨を伝え、締めます。

これが、一般的に言われている、人事評価のフィードバック方法です。

29　自分は頑張ったという部下へのフィードバック

自分は頑張って、これだけの実績を上げたのに、なぜいい評価ではないのかと言ってくる部下がいます。こんな時、どのようにフィードバックしてあげればよいのでしょうか。

まず、上げた実績については評価し褒めてあげる必要があります。ここは、やはり認めてあげないと本人も納得しません。次に、実績を出すまでのプロセスや実績の出し方、またその難易度などを話し、会社が求めている行動と照らし合わせると、こうこうこういうところに課題があったと具体的な行動例を示し、説明します。

この時の注意点として、だめ出しをするのではなく、こういうふうに行動を変えていけば、会社の期待に即するようになり、評価もついてくる、という点を話すことが大事です。

また、頑張ったけれど目標達成できなかったことを、部下の能力のせいにしないことです。能力のせいにされると、部下は自分には能力がないから、いくらやってもだめなんだと思ってしまい、頑張る気力さえなくしてしまいます。いわんや、「だから、おまえはだめなんだ」なんて、人格否定の言葉を発していたら、それは、論外です。

また、部下が目標を達成できなかったのは、上司にも責任があることを自覚してください。評価する時点になって、できた、できないといくら言っても、後の祭りなのです。結果が出る前に、上司は、部下の行動や進捗をチェックし、適切に指導やフォローをしなかったために部下が目標を達成できなかったのです。1年間、部下をほったらかしにし、査定だけしているようでは、管理職として失格です。

具体的な手順としては、こんな感じでしょうか

まず、部下の話をよく聞きます。十分聞いて、部下が自分としては言いたいこ

とは言えたと思っているようなら、よくやったことへの褒め言葉と感謝の言葉を伝えます。ここまでで、部下は多少気が済んでいるので、上司の言葉を聞く準備ができます。

ここからは、部下が上げた実績の中身と会社の具体的な目標の中身を、すり合わせます。

例えば、部下が上げた実績は、既存顧客からがほとんどで新規がなかった。一方、会社の目標には新規の実績目標があり、それは大幅未達であったというような点です。

こういうギャップが生じるのは、なぜ新規の実績（売上でも結構です）を目標化する必要があったのかを、部下が十分理解していなかったためです。ここを説明し、会社の目標の中身に沿う実績の出し方を理解させ、そのためにとるべき行動やプロセスが、会社の期待と違っていたことを話す必要があります。

目標の中で、わざわざ会社が新規の実績を目標化する理由は、やはり既存顧客や既存商品では、数年のうちに成長に限界が見えてくるという危機感に他なりません。この理解が不足していたため、短期的にグロスの実績さえクリアすればいいのだと、部下は考えてしまったのです。この辺を丁寧に話せば、納得するかどうかは別として、自分の思った評価と実際の評価が違ったことに理解はできるはずです。

こういうフィードバックを、上司たる者、面倒がらずに実施してほしいと思います。そうすれば、次年度、この部下は、期待に応えられる人材になっているはずです。

30　自分より優秀な部下を作ること

管理者のやるべきことの1つに、部下育成があります。特に大事なことが、自分より優秀な部下を育て上げることです。管理者のどのポジションにいても、これをすることで会社は成長していくと言えます。自分の業績を上回る業績を上げる部下を作らなければ、会社の業績は縮小していくことになります。ややもすると、自分の管理者の地位を脅かされないように、優秀な部下の成長を抑えようとする上司がいます。優秀な部下を多く輩出し、いずれ彼らに食べさせてもらおうくらいに考える余裕が大事です。

以前読んだ『ビジョナリーカンパニー』（ジム・コリンズ著、日経BP社）という本の中で、GEの当時の社長ジャック・ウェルチ氏は、自分の仕事の半分くらいは、GEを成長させてくれる次の社長を輩出させることだと言っています。

この考え方は、社長だけが持てばいいというものではありません。部下を持つ、すべての管理職の方々に考えていただきたいのです。

では、どうすれば自分より優秀な部下を作れるのでしょうか。

1つは、自分の仕事の一部をやらせてみることです。仕事の委譲をするのです。部下にとっては、上位の人の仕事をすることで、チャレンジ精神や能力の向上が期待できます。上司にとっては、部下に自分の仕事をやらせることで、この部下がどのくらい上の役職を担える人材なのか、その可能性が見えてきます。また、自分の仕事を委譲したことで、お互いにやり取りが増え、よりコミュニケーションが活発になるのではないでしょうか。

さらに、部下に委譲した分だけ、仕事の量や時間に余裕ができるわけですから、その空いた分に、新しい仕事を入れたり、自分の上司の仕事を委譲してもらえることもできるようになります。

例えば、あなたが部下に仕事を委譲したことで、担当役員から見てその部下が、今のあなたの役割を十分担えると判断されれば、いつあなたに代わっても大丈夫だと思われるようになり、あなたを昇格させてもいいという時期にもなるのです。

もちろん、その担当役員の判断には、あなたも上の仕事の委譲を受け、できるようになっていることが前提となるわけです。

気をつけてほしいことは、部下に自分の仕事を委譲だけして、楽になっているようでは、だめだということです。

それは単なる丸投げ以外の何ものでもありません。

部下に自分の仕事を委譲し、常に難しい仕事ができるようにして成長させることは、自分も同様に、常に上の役割の仕事ができるようにチャレンジし成長していくことと、同じことなのです。

31 部下へのサポート

管理職は、部下がもっともパフォーマンスを発揮できるよう環境を整えたり、障害を取り除いたりというサポートをする必要があります。運動部のマネジャーと同じです。

部下といえども、そんな大人に、手取り足取り、面倒を見てあげるなど、おかしいと思うかもしれません。しかし、部下を使って業績を上げるのが管理職の役目ですから、もっとも効率的に部下を使い、部下がもっとも生産性が高くなるように使うことが、求められているのです。

仕事でも人生でも先輩であることが前提ですが、自身の経験を踏まえ、障害を取り除いてあげ、うまくいくようにサポートしていくことは、この意味で大事なのです。

もちろん、人間的な部分も必要ですが、「人を使って業績を上げる」のが、管理職の役目と心得て、ここは仕事と割り切って、ドライになることも大事なのです。ドライに仕事のためと割り切れば、部下へのサポートと「親心」とは、まったく別物であると理解できるのではないでしょうか。

例えば、取引先との交渉で部下が悩んでいるとしましょう。

そもそも、悩んでいることを知るには、常日頃、部下とのコミュニケーションがとれていることが、前提となります。

積極的に声かけなどをしている中で、部下が悩んでいることを知ったら、悩みを聞くカウンセリングをするのではなく、交渉のどういうところがうまくいっていないのか聞き出します。うまくいっていない原因を教え、うまくいくやり方をアドバイスします。

その後、アドバイスを受けたやり方で相手と再度交渉させ、結果を確認します。これで、進展が見えれば、もう少し見守ることになります。進展が見えなければ、部下と一緒に相手と交渉し、それでもうまくいかない場合は、さらに自分の上司も巻き込んでフォローしてもらいます。これでもうまくいかず、交渉が決裂したら、なぜうまくいかなかったのかという原因を追及し、次回には対処できるよう、必ず教訓として共有していくことが重要です。

あえて付け加えますが、うまくいった場合には、自分の実力を誇示するのではなく、部下の実績にし、褒めることが、とても大事です。

周りの人は、上司のおかげであることは十分理解できているので、あえて言う必要はないのです。こういうことのできる人が、真に部下から信頼される管理者なのです。

32　成長するポイント

人には成長するポイントがあります。昇進・昇格した時、異動になった時などです。ずっと同じ仕事をしていると、熟練度は上がりますが成長のペースは緩やかになります。そして、段々、現状維持型になっていきます。

現状維持型になる前のタイミングで、昇進・昇格や異動によって、新しい仕事や役割、新しい環境に接するようになると、新たに覚えることが多くなり、成長のきっかけになるのです。昇進・昇格しなくても、部下の仕事の担当を変えたりすることで、成長を促すことはできるはずです。

それぞれの管理職での立場や人事権については、いろいろな企業で違うでしょうから、部下の成長のために別の部門に異動させるようなことは、そんな簡単にできないでしょう。ですので、自部門の中で、いろいろ工夫してほしいのです。

担当業務を変える、取引先の担当を変えるなどの他に、自分の仕事を1つ2つ見どころがありそうな部下に委譲してみることもできます。

また、自分自身のことを考えて、慣れ親しんで居心地のよくなった仕事からの異動願を会社に出すことも、自分の成長のためには、とても大事なことです。

自分が熟練し、そんなに苦労しないで実績を上げられるようになったと感じたら、その時があなたの成長が止まった時です。

新規事業の部門や赤字の部門に、自ら異動希望を出し、チャレンジ精神を復活させましょう。人間は歳と共に、新しいことや困難なことにチャレンジする気力が失せていきます。しかし、仕事で常に自分の実績を認めてもらうためには、常にチャレンジ精神を失わないようにしないといけません。この意欲を持続させている姿勢が、経営側から見ると、とても頼もしく信頼性が高まることになります。チャレンジ精神の維持は、生きる意欲を高く保つということと、同義なのです。

自分を意欲の高い状態に保てる人間にしておかないと、退職した時、途端に、何もやる気が起こらない人間になってしまいます。気をつけたいものです。

33　目標を持たせる

皆さんの会社には目標設定制度がありますか。

もしなかったとしても、自分の部下に対し、年度年度で、目標を設定することはできるはずです。

人には目標が必要です。陸上競技に例えると、１００メートル競走の選手になれば、どうすれば記録を０・０１秒でも短くできるか、考えたり練習したりします。仕事も同じで、年度初めというスタートから年度末というゴールまでに、何をどうすれば、目標を達成できるか考えるでしょうし、手も打ちます。自律して自分で考え行動するようになるはずです。この、自分で考え行動するということが、人間の成長にとっては、とても大事なことなのです。

目標設定という考え方は、ドラッカーが唱えたことでよく知られていますが、ドラッカーはその著書の中で、目標というのは達成できるものであるべきと言っています。達成できないような無理なレベルでは、最初からできないと頑張らなくなってしまうからです。

ところが、無理を承知で過大な目標を上げ、「できれば御の字だ」くらいに思っている経営者もいます。

例えば、前年度比売上実績の10％増くらいなら頑張れば達成できるとすると、経営者は20％増を目標に設定します。経営者は達成できないことは承知のうえで、目標は高ければ高いほどよくて、人は頑張ると思っているのです。最初から低い目標値だとその程度にしか働かないからだと言います。このような考え方では、ただの一回も目標は達成できないでしょう。

上司のフォローも含めて頑張れば達成できるような目標だから、人は頑張ってみようと思うのです。そして、達成できれば部下も達成感を感じるでしょうし、そうなれば、次年度はさらに高い目標を設定でき、達成できるようになるはずです。ものごとには順番や段階というものがあるのです。そんな簡単に、売上を伸ばせれば、誰も苦労しません。

上司である皆さんは、見守り支援するスタンスで臨み、部下の成長を促してください。

34　部下は友達でも仲間でもない

部下は友達でもなければ仲間でもありません。向こうもそう思っているので、自分から声をかけなければ、向こうから話してくれることはありません。これが当たり前だと思ってください。仕事の目標を共有し、協力して達成する集団（チーム）の一員として理解してください。

管理職になる前は、同僚、先輩、後輩は、同じ仕事をする仲間でしたが、管理職になった今は、もう仲間ではありません。同僚と、どんなに仲がよかったとしても、少なくとも仕事中は、仲間でも友達でもありません。

今までの仲間の中で、自分が昇進し管理職になれば、仲間はその時点から部下なのです。だからといって、急に手のひらを返したように上から目線になってはいけません。役割として仕事の指示もすれば、評価もし、そのフィードバックもすることになります。仲間意識のままで、これらのことができるでしょうか。

もちろん、今までの仲間より自分が偉くなったわけでもありません。役割が変わったのです。その管理職という役割を担い、全うするためには、友達あるいは仲間という、ある種あまい関係から脱却しないと、なかなかできるようにはならないということなのです。

35　言い方を変える

例えば、「あの仕事、どうなっている」と何気なく部下に聞いてしまうことはありませんか。

部下からすると、この言い方は、やっていないのではないかと上司が思っていると感じてしまうのです。

こういう時は、「あの仕事の進捗状況を教えてくれないか」と言えばいいのです。

このように、否定的な言い方ではなく、何を知りたいのか、部下にどうしてもらいたいのかという思いで、話すことがとても大事なのです。

また、「そういうやり方はだめだ」と言ってしまうことはありませんか。

この場合は、「そういうやり方ではなく、このようなやり方の方が、うまくいくと思う」と、否定をしないで、別の選択肢を与える方がよいと思います。

このように言われれば、部下の方も、否定されなかったので、反発することもなく、上司の意見が素直に頭に入ります。

人は否定されると、その人の言っていることが、たとえ正しいとわかっていても拒否感が先に出てしまい、頭に入ってこなくなるのです。

また、部下からの報告が遅れた時、「どうして報告が遅れたんだ。あれほど、時間内に報告してくれと言ったじゃないか」と、こんな言い方をしていませんか。

こんな時は、「時間内に報告してくれたら、僕の次の仕事もスムーズにいって、とても嬉しく思えたのにな」と、言ってみます。こんな感じはどうでしょうか。回りくどい言い方でしょうか。

部下の言動について指摘するのではなく、部下の言動によって、自分の気持ちがどうであったのかという言い方に変えるということです。

上司は自分の気持ちを言っているだけなので、部下に反発されることもありません。素直に聞けるはずです。

大事なことは、部下が二度と同じ間違いをしないことです。ストレートに叱ることを選びたい人は、叱ることの方が、効果があると思っている人です。

でもよく考えてみてください。あなたが部下を叱る時、叱ることの方が効果があると、冷静に選択して叱っているでしょうか。

往々にして、「怒った」結果、叱ったのではないでしょうか。

部下がミスをした時にすべきなのは、いかに上司に迷惑をかけ、二度としてはいけないことだったかということを、部下に認識させることです。この目的を達成するために、上司は一番効果のある手段を選択すべきです。それが、叱ることかもしれませんし、自分の気持ちを伝えることかもしれません。

言い方を変えるということは、目的を達成するための一番効果的な言い方ができるように、言い方のバリエーションを持ちましょうということなのです。

言い方を変えるということと関連して、もう1つ別の例をあげます。

例えば、部下に依頼した仕事の進捗が半分くらいだったとします。この時、「もう半分まできたか」というか、「まだ半分しかできていないのか」というかの違いです。同じ半分を表現しているのに、ポジティブかネガティブかで、部下の受け取り方も違います。仮に気持ちは、まだ半分かと思っても、ポジティブな言い方の方が、部下も嫌な気持ちにはならないでしょう。

最初の話では、効果的なものの言い方の話ですから、効果的であるために、自分の気持ちを伝える場合はネガティブな表現になるかもしれません。しかし、この例では、同じことを言うなら、ポジティブな言い方にしてみる方が、部下も上司の言葉をポジティブに受け取ることができるのではないでしょうか。

36　部下に好かれようと思うな

人はみんな、価値観や好みが違います。どんな美男美女のタレントでも、すべての人から好かれるわけではないのです。まして、人間性や性格の話となればなおさらです。

例えば課長になった時に、メンバーを全員自分の好きな人間で構成するなんてことはないわけですから、好きな部下もいれば苦手な部下もいるはずです。

部下から見ても同様で、前の上司は好きだったけれど、今度の上司は好きになれないということも、よくあることです。

価値観の問題、生い立ちや家庭環境の違いによる好き嫌いはよくありますが、外見やしぐさでも好きだ、嫌いだと言われてしまうこともあるので、どうしようもない要素も含まれます。

ではどうすればよいのでしょう。一般的に人は、知っている人より知らない人に警戒心を持ちますので、まずは、部下にとって「知らない人」から「知っている人」になる必要があります。

具体的には、自分がどんな人間かを、いろんな機会を通じて、自分から開示していくことです。子供の頃の話、家庭環境、好きな食べ物などなど、自分のことを言うのですから、いくらでもあるでしょう。

こうして少しでも部下が自分のことを知ってくれれば、好きになってくれなくても、どんな人かは、理解してくれます。

人は、他人のなにがしかを知るということで、他人に対する警戒心を、少しずつ解いていきます。よく知らず警戒している上司からの指示より、多少でもどんな人か知っている上司からの指示の方が、肯定的に受け取られると思います。

好きになってもらおうとする努力は、意味のないことで、そんなに部下に迎合することは、部下から見てもかっこよく見えません。

自分は、こういう人間で、こういうふうに考え、仕事を進めていきたいと常に発信していくことの方が、リーダーシップを発揮しているように部下から見え、自部門の運営もうまくいくのではないでしょうか。

また、好かれようと思わなくてもよいということには、もう1つ理由があります。

それは、異動などで、いずれはお互いに上司・部下の関係ではなくなるという面があるからです。異動ばかりではなく退職するかも知れません。こうなれば、仕事を円滑に進めようとの思いで部下に好かれようとしても、まったく意味を持たなくなります。

さらに自分の定年後に、好かれた結果、人間関係が継続するでしょうか。好かれるように行動すれば、部下は部下の時だけ、それに合わせてくれるだけです。

管理職として、好かれようとする行動や態度ではなく、信頼されるための行動や態度をすることが、自部門の運営に役立つだけではなく、自分の成長のためにもいいはずです。

どういう生き方をしているのか、どんな哲学を持っているのかが、他人から見えるということが、大事なのです。

友人というのは、まさにお互いがどういう生き方をする人間なのかがわかっていて、違いもあるけれどその違いも理解できている人同士と言えるのではないでしょうか。

小・中・高の同級生でも、何十年合わなくても、何の支障もないはずです。上司・部下の関係も同じように、それだけでは、離れれば二度と会わないかもしれません。そういう人間関係を前提にすれば、好かれようと思う必要がないことがわかるはずです。それよりも、信頼される上司・部下の関係を作ることに努めましょう。

37　非公式な場・時間を大事にする

部下には、飲み会などの非公式な場をできるだけ設け、自分の考えやありたい姿を伝えることが大事です。これがしっかり伝わると、徐々にではありますが、部下は細かな指示をしなくても、自分の意図する結果を出してくれるようになるものです。

結果、この方が、上司としては楽なはずです。そうしないと、ことあるごとに細かい指示をしなくてはなりません。大変なことです。

別の項でも書きましたが、こうした機会を使って、自分の考えや、仕事をこうしたいなどのビジョンを語るのは、とても大事なのです。

部下にとっては、この上司は自部門をどのようにしたいのかがわかり、部下としての自分はどのように仕事をしていけばいいのか、考えるようになります。

自部門の将来について、非公式な場での話かもしれませんが、上司と部下が同じ方向を見ることができるようになることを、想像してみてください。部下と一緒に仕事をするのが、楽しくなりませんか。

また、これも別の項で書きましたが、公式の場以外でも、自分を開示していくと、より部下にとって、何を考えている人なのかがわかり、仕事の指示で、上司が求めるところの本当の意味を理解できるようになるはずです。

このように、自分のことを人に話していると、不思議なことに、自分の過去、現在の環境、家族などが、自分とどのように関係していたかが、より鮮明になります。今まで無意識であったことが、人に話すことで、自分でも気づかなかった自分の思いがよくわかるようになるのです。

さらに仕事に対する考えや、こうしたいなどのビジョンを話せば、今まで漠然としていた自分の思いが、より鮮明になり、より整理されてくるのです。本当に不思議ですが、試してみれば、実感できると思います。

念のため非公式な飲み会とは、上司が自腹で全部払う飲み会を意味します。

ただし、自分のことばかり話していてはだめです。上司としては、部下の話もよく聞くことが、部下からの信頼感アップにつながることをお忘れなく。

38 部下の性格は変えられない

部下に不満があっても、その人の性格は変えられません。ただ、よく話し合って、自分の考えや部下に対する期待を伝え、こうしたらもっとうまくやれるという言い方で、行動を変えるように仕向けることはできるはずです。

とにかく、行動が変わり、それによって、今までの行動より成果の向上があれば、本人の動機づけにもつながるはずです。

部下の性格を変えようと思えば、変わらない性格にいら立ちますが、行動さえ変わってくれればと思えば、イライラすることも減り、部下の行動を変えようとする根気も続くのではないでしょうか。

別の項で、自分の性格をうまく使うということを書いていますが、部下にも同様に、よいところを伸ばすことを心がけてほしいと思います。

上司は親でもなければ、教育者でもありません。部下を使って自部門のパフォーマンスを最大化するのが仕事ですから、部下の生産性を一番いい状態に持っていく必要があるのです。

人間にとって短所を直す努力より、長所をより伸ばす努力の方が楽しいし、継続して行えます。ところが日本では、子供の短所を直すことに主眼がおかれ、直そうとする親や教育者も大変な努力を強いられます。子供本人も、いつもだめと言われ、何にも楽しいことがありません。結果、せっかくのよい面も、伸ばし切れず、悪いところはなくなったけれど、よいところもない、という個性のない子供になってしまいます。

こういう環境で私たちは育ってきましたので、上司になっても、部下のいいところを伸ばすことに主眼を置くことがなかなかできないのです。

一方、米国の映画で、家族での場面などを見ると、まったく違って見えます。よく覚えていますが、「バック・トゥ・ザ・フューチャー」という映画がありました。この中で、不良の乱暴者ビフがいます。大きくなっても悪い点は矯正されずそのままです。

日本なら、こんな不良は、とっくに地域社会からはじかれてしまいますが、しっかり地域で生きて、周囲もその存在を承認しています。悪いところもあるが、いいところもあり、そこを見、そのいい点と付き合っているのです。

映画ひとつを見ても、これだけ違いを感じます。映画なので本当かどうかという話ではなく、こういう価値観の中で米国人は生きているということなのです。

部下に対し、あれがだめ、それがだめというのは止めにしましょう。部下のいろいろなよいところを把握し、よいところだけを使って自部門の仕事を動かしてみてください。

部全体のパフォーマンスが上がれば、部下がどんな性格でも、そんなに気にならなくなると思います。

39　お互い、上司、部下は選べない

この言葉はよく使われますが、正確には、「お互い、上司、部下は選べないけれど、誰と上司、部下の関係になったとしても、仕事はきちんとやりましょう」という意味なのです。

部下にはいろいろな性格の人間がいるということを書きましたが、どんな部下と一緒に仕事をすることになっても、自分にとっていろんな人を知るよい機会をもらったと考えてください。たとえ、好きになれないタイプとか相性が合わないと思っても、新しい人を知るいい経験になるはずです。多くのタイプの人を知り、いろいろなタイプの部下と一緒に仕事をする経験を積むことは、後々、自分の幅が広がるという面があります。

会社は、いろいろな人がいるようですが、一方で、実は似たような人ばかりなのです。それは、採用時に、組織の中でうまくやっていける人なのか、会社と同じ価値観を共有できる人なのかなど、ある程度ふるいにかけ、同質の人を採用しているからです。

ところが、お住まいの周りはどうでしょうか。もっといろいろな人が住んでいませんか。年齢の違いだけではなく、会社勤めの人以外にも、自営業の人や老人世帯などがあります。筆者の家の周りを見ても、会社員、スナック経営者、鍼灸師、年金生活者、電気工事業、アパート経営者、美容師などがいます。

定年になり、自宅で過ごすようになったら、こうした幅広い職業や価値観を持った地域の方々ともうまくやっていかなければなりません。

それに比べれば、会社の中では、部下は同質であるはずなのですから、誰が部下になっても、うまくやれるはずです。

40　部下と話す時間の長さは相互理解に比例する

上司と部下の人間関係のみならず、普通の人間関係でも、会って話して互いに相手がどんな人間かがわかるようになると、その時間と比例して、相手に対してネガティブな感情や警戒心が薄れていくようです。

上司は部下に好きになってもらう必要はないのです。ただ、どんな人で、何を考えている人なのかはわかってもらう必要があります。そのためには、自分を知ってもらう機会を見逃すことなく、利用することが肝要です。

別の項で、非公式な場を使ってでも、自分を理解してもらうことの大切さについて書きましたが、その項では主に自分から話し、部下に自分を理解してもらうという大切さについてでした。

この項では、部下の話もよく聞くという点についてお話しします。

まずは、部下とよく話し合う機会を作っていない管理職の言いぐさ。「いつも、あの部下には言っているのですが、なかなか変わらないのです」。これでは、ましく言っているだけで、一方的です。コミュニケーションになっていません。その部下の行動が変わって初めて、いわゆる「コミュニケーションがとれている」という状態になったと言えます。

コミュニケーションがとれている状態とは、上司が言ったことを部下が理解し、それに則した行動をとるということです。この行動に移すことができて初めて、成立する話なのです。

上司と部下のコミュニケーションがとれている状態を維持するためには、お互いに話す機会を多くとり、その積み重ねによって相互理解が進むという、互いの確信が必要なのです。

41　部下の3割が育てば十分

部下に限らず、他人全員とうまく付き合うことなど、できません。互いに好き嫌いや価値観の違いがあるからです。

思い出してみてください。中学・高校の時のクラスメートのうち、何人と仲よくでき、そのうちの何人と今も親交がありますか。

会社の組織でも、そのメンバーは自分で選んだわけではないので、仕事上とはいえ、好き嫌いの感情なしで過ごすのは、正直なところ大変ストレスを感じるものです。

ですので、好きな部下と嫌いな部下がいるのは、自然なことで、仕事上、仕方がないことなのだと思った方が楽です。部下も、きっとそう思っています。

好きな部下でないと、いろいろ教える気になりませんし、部下も好きな上司からでないと、教えられたことを吸収しようという気にならないものです。

ということを考えると、このように相互に良好な関係が保てるのは、せいぜい部下の３割もあれば十分だと思っています。

肝心な点は、この３割の部下を徹底して育てることなのです。この中から、自分を抜く部下を輩出できれば最高です。

断っておきますが、これは本音の話であり、管理職たる者、部下全員の成長に関与する必要はあります。ただし、時間も労力も限られているので、せめて部下の３割くらいは育ててほしいという意味なのです。全員均等に育てようとしたら、労力が分散し、成長余地の大きい部下に、十分な労力を集中できず、成長を十分引き出してあげられなくなります。最優先順位は、「いいものはもっとよく」です。

42　力ずくだと、同じ強さの反発力を招く

思うように動いてくれない部下、何度言ってもうまくできない部下に、堪忍袋の緒が切れ、「いいから言われた通りやればいいんだ」なんて、つい言ってしまった経験はありませんか。

こんな時は、部下はどんな気持ちになっているでしょうか。おとなしく従う部下もいるでしょうが、内心、反発心を持つ部下もいるのではないでしょうか。

例えば、誰かと喧嘩をし怒りをぶつければ、同じ怒りを相手は持ち、返してきます。

少し話はそれますが、筆者は、会社の人事にいた時、会社側の組合対応をしていましたが、団体交渉の時、組合役員の方は、当然のことながら会社側を強く攻撃してきます。この時に、こちらはこちらで組合側に同じように反撃すると、力

と力のぶつかり合いになり、どちらかが勝つまで終わりません。しかし、会社と組合は利害が反するという立場の違いだけなので、勝敗はつかず泥沼状態に陥ります。こうなる原因は、力を力で制しようとするからなのです。

この時筆者は、話はちゃんと聞くけれども、その後の対応は何もしないという作戦を使いました。会社側の力をいっさい出さないということです。組合は何度要求してものれんに腕押し状態になり戦意喪失し、要求はトーンダウンしました。結果、エネルギーとエネルギーがぶつかり合う敵対関係ではなくなり、穏やかな団体交渉の場になりました。

お互いにエネルギーを強くした状態では、真正面からどちらのエネルギーが強いか競い合っているだけなのです。これでは、どちらが正しいではなく、どちらのエネルギーが強かったのかという勝負になるわけです。あまりにも単純です。

柔道でも、柔よく剛を制すと言います。まさにこれなのです。

話を戻しますと、思うようにいかない部下に対し、大きい声を出したり、強権で従わせようとしたり、強く命令したりすれば、その時は言われた通りやるかもしれませんが、目の届かないところや、時間が経てば、また元に戻ります。なぜでしょう。それは、強いエネルギーで従わされたという感情が、マイナスのエネルギーとして、同レベルの反発エネルギーとして部下の心の中に生まれてしまうからなのです。

このあなたに対する反発エネルギーを部下に持たれたら、とてもやっかいなことになります。ことあるごとに反発してくるならまだしも、面従腹背までいったら、部門の仕事全体がうまく回らなくなります。

ここで気をつけなければならないことは、こうなる責任は部下にあるのではないということです。責任の所在は、あなたの部下対応が間違っていることにあるのです。

43　箸にも棒にもかからない部下もいる

部下の3割が育てば十分と、別の項で書きましたが、残り7割のうち、いくらかの割合で、自分にとって、どうにもならないなと思う部下に遭遇します。

自分にとってどうにもならないというのは、何を言っても通じない、言われた通りに動かないなどという意味です。

部下本人は、上司や会社と全然違う方向を見ているので、本人が悪いということではなく、今の上司や会社と価値観が合わないか、そもそも合わせないといけないという感覚がないのです。

こうした部下には、どう接すればいいのでしょうか。

まずは、会社や自分の価値観を話してください。そして、どういう形で仕事をしてもらいたいかを説明します。すぐに返事があるかどうかは別として、本人によく考えてもらうことが大事です。

本人が気づき、改めてくれれば、今後は支援や指導を行っていくことになります。また、のれんに腕押し状態が続いたらどういう評価になるか、上司や部門が変わっても同じ状態になることを話し、その後は、ドライに対応するしかありません。

ただ、気をつけなければならないことは、本人の人格に立ち入らないことです。話が通じないというのは、この会社が求める仕事のやり方や人材像と違うというだけなのです。他の会社や、あるいは独立して起業すれば成功するかもしれないのです。

筆者の経験でも、こんな部下がいました。

その部下は、ある時、仕事の資料でも読んでいるのかと思い声をかけたら、社会保険労務士の資格を取るための勉強をしていたのです。筆者は、その部下が管理職ではないので、その勉強をしたいのなら、仕事が終わってからやってくれと言いました。すると彼に「自分が管理職になった時に必要になるから、これは仕事だと思います」と反論されました。その後、彼とどれだけ話したかは割愛しますが、結局、彼は当たり前ですが管理職にはなれず会社を辞め、社労士となり独立しました。

もう1人は、ＩＴに強く仕事でもその能力を生かしていた人です。ここまでで止めておけばよかったのに、仕事で自分の能力を生かす場が少ないと思い、自宅で得意な分野での仕事を請け負って副業をしていたのです。会社は副業を禁止していたので、その旨を話すと、彼曰く、会社に迷惑をかけているわけではないので、その規則自体がおかしいという始末。この件もその後どれだけ話し合ったかは割愛しますが、結局、彼も会社を辞め、得意分野で生計を立てる決意をしました。

どちらも仕事をさぼったり不正を働いたりする人ではないのですが、組織が求める価値観や、どのように働くことで給料をもらえるのかが、よく理解できない人であったような気がします。組織になじめない人であっただけなので、独立して成功していることを祈念するばかりです。

また、直属の部下ではありませんでしたが、組織になじめないばかりか、その組織に所属しているのに、組織を否定するという、手におえない度合いの人もいました。この方は、あるプロジェクトのメンバーの時、その方向性が決まっているのに、自分の価値観と違うということで、議論をかき回したり元に戻そうとしたり、とにかく自分の価値観が正しくて他のメンバーが間違っているの一点張りでした。その後、もちろん外されましたが、納得せず、自分の上司に文句を言い、この上司は年下であったせいか、なぜ年上の部下にここまで言われなくてはならないのか、悲しくて耐えられないと泣いてしまうほどでした。

その後はまた割愛しますが、やはり彼の居場所はなくなり退職しました。

書けばきりがなく、いろんな人がいましたが、みんな、入社した時から手におえない人材ではなかったはずです。最初の上司が、その兆候が見えた時にしっかり修正できていれば、本人も辞めなくてもよかったかもしれません。ボタンの掛け違いを上司は、放っておいてはいけないのです。

44 目標やゴールを決めるだけではなく、「目的」がいる

行動を起こす場合、ゴールをイメージし、最後にどういう形にして完成させなくてはならないかを最初に考えておくと、それを考えなかった場合と、出来栄えが全然違うことになります。

例えば、陸上競技で、指導者側が、とにかく早くなれと言うのではなく、競技種目は百メートル、目標タイムは何の試合で何秒と設定してあげれば、自ずと練習方法も決まるでしょうし、目標を目指した行動もシンプルになります。

仕事でも同じなのです。

部門運営上、期首に当年度の目標を設定していれば、その際、部下に売上や課題解決の目標を設定していると思います。

それだけでも、部下は目標を達成しようと、頑張ってくれますが、できること

なら、何のためにその目標を達成しなければならないのか、何のためにその課題を解決しなければならないのかを、部下に理解してもらう方が、達成のための行動の動機づけを、より高めることができ、継続して取り組んでもらうことが可能となります。

これが、目標だけではなく、「目的」がいるという意味です。

例えば、ある部下に、売上目標1億円を設定したとします。目標を設定する際に、部下とよく話し合い、どういう方法や打ち手でそれを達成するのか、お互い合意して決定していると思います。

これでも十分なのですが、できることなら、なぜ、この部下が1億円を達成する必要があるのかを説明し理解してもらうと、さらに部下の動機づけが高まり、自律して自分で考え、工夫や努力をして達成しようとします。

どんな必要性かといえば、会社にとっては社員の売上増は、会社の発展に不可欠であること。

本人にとっては売上を伸ばせる能力の向上は、将来の成長にプラスになり自信もつくということ。

こうした、何のためにという、目標に対する「目的」を、目標設定時に目標と共に説明することで、部下の自律性が高まります。上司として、毎日細かく指示したり、気にしたりしなくて済むようになり、実は、とても楽になるのです。

45　部下はいつもあなたを見ている

管理職になったら、今まで上司を見ている立場から、部下から見られる立場になったことを常に意識して、言動に不一致がないようにする必要があります。

部下の至らない部分を指摘しているのに、自分は、会社の備品を私用に使っているというようなことです。

別の項で、人事評価の時には、好き嫌いで評価してはいけないと書きましたが、わざわざ書いたのは、人が人を見る時には、どうしてもこの好き嫌いの感情や印象が入ってしまうからなのです。

ということは、部下も、普段上司を見る時、自然と好き嫌いという見方で見ているということです。

多分、管理職になる前は、上司に対して、好き嫌いの嫌いという方を増幅させて、ネガティブに見てしまうことが、往々にしてあったのではないでしょうか。

同じことです。今度は、自分がネガティブに見られるのです。人の好き嫌いを変えることはできませんので、なかなか難しいことではありますが、それに耐えられる自分を作り込んでいくことが肝要です。

部下から、「上司は自分よりまっとうな人だ」と思われるくらいでないと、自部門の運営がスムーズにいかないでしょう。また、部下からどう見られるかだけでなく、それはとりもなおさず、自分の成長のためでもあるのです。

今後、昇進昇格し役員になった時、過去の部下に陰口をたたかれないよう、今から気をつけていくことが求められます。

そして、まず、自分から動きましょう。

細かい話ですが、例えば、オフィスの床にごみが落ちていたら、「おい、ごみが落ちているぞ」と部下に言うのではなく、自分で、さっさと拾えばいいだけのことなのです。

また、本来は自分の仕事なのに、部下に面倒な仕事を押し付けてはいませんか。

例えば、一番手間がかかりクレームの多い取引先を担当すること、部下のミスで取引先に謝りに行くことなどは、上司である管理職の仕事なのです。こういう仕事をこそ、上司が引き受けることで、部下は信頼してついていくのです。

そのほか、何気ない普段のしぐさや身なりも見られています。ぼさぼさの髪、毎日同じものを着てしわくちゃになった背広、無精ひげ、太り過ぎなどは、見るに堪えないものです。

広くとれば、部下に見られているだけではなく、聞かれてもいます。

例えば、何でも持ち物の値段をひけらかす人。「この背広、いいだろ。○○円だった」「この時計いいだろ。△△円もした」「このバッグいくらだと思う。○△円もしたんだ」などです。

また乱暴な言葉づかいをする人。部下をおまえと呼んだり、命令調に言ったり、どなったりです。

これらの例のどれかに心当たりがあるようでは、論外です。上司としてどうこう以前に、人としての品格の問題です。

46　部下の成長にはきっかけが必要

人が成長するには、きっかけが必要です。人は、環境が変わると、それに適応しようと、いろいろ工夫や努力、学習をします。これが、新たな能力や経験を身につけ成長できる、とてもよいきっかけになるのです。

会社では昇進や昇格や異動などがありますが、自分の部下にそれはなかなかできません。ですが、部下の顧客を変えるとか担当の仕事を変えるとか、自分の仕事の１つでもいいので委譲してみるなどが考えられます。ぜひ、試みてはいかがでしょうか。

人の成長で大事な点がもう１つあります。それは、自分で気づくということです。人は、他人にあれこれ指摘されても、実はあまり直そうとしないし、直そうという意欲が湧かないのです。自分で気づくしかないのです。

別の項で書きましたが、筆者が所属していた公益法人時代の理事長の話にこういうのがあります。

「人は、自分で気づかないと変わらないいんだよ。だから、必要な時は、わかっていても、あえて失敗させることも必要なんだよ。失敗すれば、なぜ失敗したか自分で考え、二度と同じ失敗をしなくなる。この経験が緊張を生み、気づきを与え、成長のきっかけになるんだ。簡単なことでは、取引先への訪問のため、外で待ち合わせをした時、1秒でも時間に遅れたら、黙って1人で取引先にいってしまうことだ。次からは、必ず電車遅れなどのせいにはせず、余裕を計算して時間前に来るようになる」

とても参考になった話でした。

この気づきが大切だということは、他の項でも触れていますが、なぜ大切かを、今一度お話しします。

それは、自分を成長させるためには、原動力として気づきが必要だということなのです。自分が気づいて、自分で自分を変えようと思って初めて、人は行動を変えるのです。また、こうして自分の意志で変えた行動は継続し、やがて本当に自分のものになるのです。

47 部下を育成しなければならないのか

・教えたことができるようになる。
・仕事に必要なスキルが上がる。

部下がこういう状態になるのは、管理職が部下に対して行う大事な仕事のひとつです。

ですが、これを育成とは言いません。育成された状態というのは、教えたことが、他の仕事や場面で、それを応用できるようになっている状態を指します。

言い方を変えると、教えられたことや知識・経験などを生かし、自分で考え、新たな判断ができるようになって初めて、成長したと言えるのではないでしょうか。

何十年も前の話ですが、前項でも紹介した理事長が教えてくれた「人は、自分で気づいた時に育つものだ」ということについて、もう少し書き加えたいと思います。

人は教えられれば、その場ではできるようになりますが、結局自分のものにはならず、また元に戻ってしまうのです。

ということは、部下を成長させるためには、すぐに教えるのではなく、本人が気づくように、その環境を整えてあげる必要があるのです。

では、気づく環境はどうすれば整えられるのでしょうか。まず、自分で考えさせる必要があります。

考えさせるためには、例えば、うまくいかなかった仕事の時は、なぜ、どこがうまくいかなかったのか、という質問をします。また同様に、うまくいった仕事の時も、なぜ、どのようにしたからうまくいったのか、という質問をします。こういう質問の仕方をすれば、具体的な事実を、論理的に順番を整理して思い出さないといけなくなります。これが、考えることなのです。

うまくいったことも、うまくいかなかったことも、考えて整理しておけば、次に同じようなことが起こっても、以前より、対処の腕前は、上がっているはずです。部下が、経験に基づいた対処法の箱を数多くストックできるようになれば、それが成長につながるはずです。

「育成」をそういう意味でとらえるなら、上司は部下を成長させなければならないと言えるでしょう。部下の手を取り足を取り、支援するのが、部下を育成することではないのです。

「育成」とは、他者が言う言葉で、本人の言葉では「成長」です。本質的な意味で言えば、上司は、部下を育成するのではなく、本人の成長意欲を促すといった方がいいのでないかと思います。

おわりに

本書では、管理職向けに47の項目で、筆者が重要と思う内容を書きました。内容的には、いくつかの重複もありますが、場面が違ったり、言いたいことの視点が違ったりしています。何度も出てくるということは、それだけ大事なことと思っていただければ幸いです。

全体のトーンとしては、大きく2つあります。1つは、管理職として、せっかく見られる立場になったのだから、それを利用し、見られても大丈夫な人間に自分を持っていくこと。いくら仕事ができても、まず人間として立派になっていないと世間で通用しません。2つめは、自分をよく知り、その自分を周りに知らせる努力を怠らないこと。周りの人が自分を知っている状態は、自分にとって、とても居心地がいいはずです。

これらができれば、管理職でなくなったとしても、また退職した後でも、精神衛生上は豊かな人生が送れるのではないでしょうか。

これまで、人事コンサルタントとして、多くの管理職の方と接して感じたことを、研修の際には言えなかったので、素直に書いたつもりです。

筆者の接した管理職の方々の多くは、管理職に必要な自分を作りすぎているように感じます。管理職である前に、1人の人間ですから、晩節を汚すことのないように、人格形成に努めていただく方が、ご自身の人生にとっては有意義かと思う次第です。

2018年4月

鈴木　秀明

【著者紹介】

鈴木　秀明（すずき・ひであき）

早稲田大学卒業後、複数社を経て、㈳日本能率協会入職。人事部マネジャーを経て㈱日本能率協会マネジメントセンターに転籍後人事部長。その後、人事コンサルタントとして独立。多業種に広くコンサルティングの実績多数。

お問い合わせは：https://jinzaikasseika.jimdo.com/

人事屋が本音で語る 管理職に伝えたい47の言葉

2018年4月30日　初版第1刷発行

著者　　　鈴木　秀明

発行人　　鈴木文彦
発行所　　株式会社LUFTメディアコミュニケーション
〒105-0001 東京都港区虎ノ門1-8-11
5825第一ビル5F
TEL：03-5510-7725　FAX：03-5510-7726

印刷・製本　シナノ書籍印刷株式会社

ISBN978-4-906784-46-2 C2034